Pintoras

María Blanchard
pintora (1881-1932)

María Laffitte
Condesa de Campo Alange

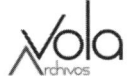

www.archivosvola.es

rescatando el acervo

María Laffitte, Condesa de Campo Alange
María Blanchard
Hauser y Menet, Madrid 1944

En portada:
María Blanchard, *El almuerzo* (detalle), 1921-1922,
colección privada

ISBN: 978-84-129819-8-8
Depósito legal: M-7929-2025

Hecho en Madrid

ÍNDICE

PRÓLOGO

María Gutiérrez Blanchard es española, pese a la fonética extranjera de su apellido materno, que usa para firmar sus lienzos en la vida internacional. Me apresuro a poner en claro este posible error, porque lo que me mueve a escribir estas líneas es justamente el deseo de divulgar en España la existencia de una mujer genial, compatriota nuestra, cuya obra es admirada hace largos años en el extranjero. Esta española, que a pesar de su larga estancia en París, donde triunfó, no quiso cambiar de nacionalidad, rechazando las ofertas que para ello le hicieron, es casi totalmente desconocida en España. Existen, sin embargo, dos cuadros suyos adquiridos por nuestro Museo de Arte Moderno de Madrid.

Es para mí este libro el saldo de una deuda contraída conmigo misma en 1932, cuando tuvo lugar en París la exposición póstuma de María Blanchard y quedé sorprendida ante la maravilla de su arte. Supe entonces el interés y la estima de que gozaba en todo el mundo. Cumplo hoy mi deseo, ya que, hace aproximadamente un año, conocí por azar a una hermana de la artista y ella me facilitó los datos indispensables para llevar a cabo mi propósito.

La obra de María está tan profundamente arraigada en su vida íntima que he creído conveniente exponer lo que fue la causa de su arte.

Hago como introducción unos comentarios sobre la evolución espiritual del artista. De cómo llega éste lógicamente a la pintura que llamamos moderna después de haber expresado en distintas formas, según la psicología del siglo, su sentimiento estético.

María Laffitte*

---

* María Laffitte y Pérez del Pulgar, condesa de Campo Alange (Sevilla, 1902 - Madrid, 1986), escritora y crítica de arte, defensora de los derechos de la mujer y fundadora, en 1960, del Seminario de Estudios Sociológicos de la Mujer.

Creen algunos incondicionales del clasicismo que el arte moderno es el resultante del cómodo olvido de las leyes básicas de todo buen pintor: anatomía, perspectiva, dominio del dibujo, conocimientos técnicos. No, no es eso. Es que ante las ideas abstractas, sutiles reacciones del espíritu, el pincel se niega a concretar como cuando copia dentro del campo visual, y muchos de nosotros no queremos aceptar (o desconocemos) la nueva posición espiritual del artista. Este, terminada, por decirlo así, su misión "exterior", ha colgado sus viejas ropas tradicionales, y después de un canto vibrante y efímero a la naturaleza (impresionismo), concentra su mirada, de un primitivismo intelectual, en las regiones recientemente exploradas del espíritu. El desacuerdo entre el público y el artista viene de que el primero exige todavía una realización material lógica, es decir, la copia exacta o embellecida de las cosas capaz de satisfacer su gusto realista, mientras el artista, que ha "cambiado ya su visión", trata de crearnos una nueva estética, darnos una nueva sensación. Para ello acepta, a veces, unas leyes rigurosas; otras, exalta su libertad. Picasso, por ejemplo (dentro del cual cabe toda la pintura moderna), pasa de la libre interpretación del sentimiento a la fría abstracción cubista. Su libertad, empujada por un fuerte temperamento de artista, al rayar con el libertinaje se asusta de ella misma y se impone un freno y una disciplina: el cubismo. Luego, de esta ética fría, sin contenido ideológico, pasa, por compensación, a la composición esquemática, cargada de un fuerte contenido intelectual. El pecado mortal de este gran artista consiste en que, por un exceso de hermético lirismo, priva a una gran parte de su obra de la cualidad esencial a toda obra de arte: la emoción estética que debe producir su contemplación.

Ante la pintura moderna la gente experimenta un sentimiento de malestar, y desorientados se preguntan ¿qué quieren decirnos los pintores de nuestros días? ¡por qué no nos cuentan fábulas o historias del Antiguo o Nuevo Testamento, leyendas mitológicas o espectaculares batallas? ¿por qué nos presentan en su lugar cuadros sin asunto, en que personajes insignificantes están extrañamente deformados? ¿y esos pintores llamados cubistas en cuyas composiciones geométricas apenas se adivina el rastro de la naturaleza o de la especie humana?, ¿no serán esos artistas de vanguardia unos desaprensivos que, dirigidos por los negociantes judíos y movidos por medio de una hábil propaganda, estén explotando a los honrados burgueses, a los confiados millonarios? Y esos espectadores del arte moderno añaden todavía: Esa pintura no puede ser sincera. Sin embargo, si de algo puede tacharse la pintura moderna es justamente de una brutal sinceridad, brutal por que rompe con todos los lazos de hipocresías habituales para buscar la sensación pura.

El arte, el arte inmortal, el de todos los tiempos, tiene ciertas leyes inmutables dentro de las cuales el artista se ha desenvuelto de muy distintas maneras según el espíritu predominante en sus épocas. Corresponde a la nuestra un profundo avance en la psicología, y partiendo de esta base se desarrolla el arte moderno. Panorama nuevo y lenguaje distinto. No ha podido, sin embargo, el hombre sin talento alcanzar en estos tiempos altura mayor que en los pasados, a lo sumo, a este arte moderno más que de superchería y de fraude se le puede culpar de haber llevado al extravío a más de artista verdadero, ebrio de novedad o de fantasía.

Sin duda alguna este arte nuevo necesita una fuerte personalidad y un desprendimiento completo de todas las ideas ya existentes. Obliga a un largo diálogo con el propio "yo" y a una labor autodidáctica enérgica.

La preocupación del estilo es una de las ideas obsesivas de los nuevos pintores. No es fácil al hombre vulgar alcanzar todas estas cosas. El culto a la personalidad les hace huir de toda experiencia. "Cada artista es ignorante o autodidacta", dice Puvis de Chavanne.

11

El artista actual se prohíbe a sí mismo el camino ya conocido para abrirse una senda guiado por su instinto. El individualismo feroz, casi heroico, con que el hombre de ahora busca dentro de él la raíz profunda de su propia expresión requiere un entusiasmo, una confianza en sí, una sensibilidad poco común. El tímido, el insensible, el poco inteligente, queda eliminado de esta lucha, para la cual no está capacitado.

Ya "no se trata de reproducir la Naturaleza, sino de representarla"(Cézanne).

La copia exacta de la Naturaleza o de las cosas puede llevar al hombre sin talento a un cierto éxito. Aun dentro del tono gris y mediocre, la técnica y las ideas aprendidas darán a su obra una apariencia de arte que en el fondo no contiene. A fuerza de aprender las mismas cosas llegan a confundirse verdaderos artistas y meticulosos trabajadores. El arte moderno rompe este confusionismo y reclama para el individuo toda la responsabilidad de sus manifestaciones artísticas. Este gesto puede tener sus inconvenientes, sus fallos, sus lagunas, pero reconozcamos que contiene una belleza en el noble deseo de manifestar sinceramente toda la fuerza de un temperamento, buscando como medio de expresión la sencillez y la originalidad del hombre primitivo. En definitiva, convengamos que más que a encumbrar a los tontos, el arte de nuestros días contribuye tal vez con su excesivo lirismo a nublar las facultades de trabajo de algunos temperamentos escogidos.

También se ha comentado mucho la semejanza que se observa entre la pintura moderna y la de los alienados, la infantil, la salvaje o la primitiva. Sin duda, el hombre, al escapar por diferentes causas a la disciplina externa, muchas veces monótona y decadente, cuando no ha sentido aún (niño, primitivo, salvaje) o se ha liberado ya del peso de la colectividad (caso del loco o del rebelde), cuando es individual e independiente. ¡Oh estrechez de la inteligencia humana! Esas pobre criaturas sin Ley, cuyo panorama espiritual aparece inmenso, van cayendo dentro del círculo reducido que Dios marcó a la inteligencia del hombre, sin poder traspasar la frontera que linda con lo divino, y los unos en sus primeros balbuceos, en el extravío de la razón los otros, y los rebeldes, que rompieron sus cadenas para correr tras el ideal, todos ellos van tropezando en idénticos escollos, esclavos de los mismos instintos, obedeciendo a iguales reflejos, y, por lo tanto, produciendo análogos sueños.

Analizando estos hechos vemos una raíz común que brota del inconsciente y surge libre de las trabas del academismo ¡por fin! Con un carácter de ingenua sinceridad, con un frescor del sentimiento espontáneo; la idea virgen arrancada del propio "yo", chorreando todavía personalidad es transportada al lienzo.

El pintor moderno no interroga a la Naturaleza, y cuando la contempla lo hace con un gesto escéptico como diciendo ¿qué importa lo que me diga? Todo será mentira. Sólo es verdad una cosa, la sensación que en mí despierte, el hechizo que me produzca. Y se deja embriagar por ella como por una droga, aceptando la alucinación como única verdad.

Sabe el moderno que lo que era cierto para el pintor primitivo resulta ser un error para el renacentista, y más adelante el impresionista descubre otra nueva manera de ver las cosas. Sin embargo, tanto el primitivo como el del renacimiento y el impresionista han sido sinceros. Todos pintaban una verdad: la de su época.

Pero me doy cuenta que antes de seguir debo trazar una línea que marque una trayectoria desde el pintor primitivo hasta el actual. Sólo con una visión de conjunto podremos comprender como y porqué hemos llegado a la pintura moderna.

Veamos: el pintor de la Edad Media siente ante todo el deseo de darnos la visión en el arte de lo que "ya es". Copia con precisión todo cuanto es bello sin omitir detalle, la flor con todas sus hojas, el pájaro con todas sus plumas. Enamorado de los objetos los transporta al lienzo minuciosamente, y como en libro de niño nos va enseñando una a una la forma de todas las cosas. Es la educación de la vista, el A. B. C. del arte plástico. El hombre tiene que aprender a ver "lo que es, tal como es". Por eso, el primitivo que desconoce la perspectiva, demasiado complicada para su ingenua visión, nos demuestra las cosas sencillamente como él "sabe que son", no "como las ve". Pinta con todo detalle pequeños objetos, en cuanto a la proporción sigue el orden que guardan entre sí las cosas, es decir, para él siempre será grande el caballo y pequeño el perro, aunque el caballo esté mucho más lejos y el perro, por su proximidad, tenga diez veces más el volumen de éste. También los personajes guardan una ley de la proporción: la de su jerarquía. Por ejemplo: en un asunto religioso pintará inmenso al Santo y diminutos, aunque en primer plano, a los demás personajes, por eso el primitivo es sincero, según su "convencimiento", aunque no lo es según su visión.

Pasemos a los cuadros de los pintores del Renacimiento. Pablo Uccello descubre algo que le enloquece de gozo, y delirante exclama: ¡Qué cosa tan hermosa es la perspectiva! Su visión ha pasado de pronto de la niñez a la adolescencia. Con gran desencanto comprueba que sus obras pasadas son demasiado sencillas, ya sólo le produce entusiasmo ese magnífico fenómeno de óptica. Desde ahora sólo le interesa esa ilusión de sus sentidos, con la cual se siente como embriagado de dicha. Los hombres del principio del Renacimiento deben quedar sorprendidos ante estos innovadores que cambian las formas innovadoras de las cosas y dan dimensiones absurdas, que obedecen a una ley todavía misteriosa para ellos.

Pero la gran revolución pertenece al Impresionismo. A mediados del siglo XIX el pintor empieza ya a tener una visión poco convencida y sospecha que hay secretos en la

Naturaleza que aún desconoce. Por fin los descubre: ¡La atmósfera! Deja su taller de luces veladas y discretas "orientado al norte" y borracho de optimismo se lanza al campo. ¡Al aire libre, al sol! ¡Qué maravillas de color produce la luz sobre un muro blanco! ¡Qué tonos violetas en la sombra! ¡Qué verdes o azules sobre la carne rosada de las mujeres! Es otra nueva y maravillosa mentira. ¿Quién puede ya "creer en el objeto? Sólo una cosa es cierta: "la ilusión que nos produce". Y el pintor que tiene este pasado es ya un escéptico.

Puesto que las cosas tienen dimensiones ilusorias y al cambiar de sitio el individuo cambian estas proporciones, puesto que nada tiene un color propio, pues el que aparenta cambia según la fuerza de la luz o de los objetos que están cerca. ¿Tiene algo de extraño que el artista de nuestros días busque en el fondo de su memoria formas cristalizadas como fuente de inspiración en vez de interrogar a la Naturaleza que tantas veces engañó al pintor? ¿Por qué no trabajar frente a frente a ellos mismos? ¿Por qué no dar la impresión de su maravilloso refinamiento de hombres civilizados que tienen una vida interior y un tesoro de imágenes curiosamente transformada por una larga estancia dentro de su propia personalidad?

Es en este momento espiritual cuando se desarrollan todas las teorías del arte moderno con sus múltiples divisiones, en el fondo tan próximas, por que todas obedecen a una misma corriente de inquietud.

Después de los Impresionistas, los poetas de la luz, nace el misterioso "simbolismo". Es el arte de Puvis de Chavanne, de Gustave Moreau, de Odilon Redon. El arte idealista e intelectual, con toda la anemia de una corriente aristocrática y romántica. En él inyecta Gauguin su sangre ardiente, popular y exótica, con toda la fuerza de luz y de color de los Impresionistas, que hace decir a Mallarmé: "nunca he visto tanto misterio con tanta luz".

Es interesante saber cómo nace el "simbolismo" en Puvis de Chavanne. El nos lo cuenta nace así: "para todas las ideas claras existe un pensamiento plástico que las traduce. Pero las ideas nos llegan casi siempre confundidas y turbias. Hay que despejarlas primero para poderlas tener puras bajo la mirada interior. Una obra nace de una especie de emoción confusa, en la cual está contenida como el animal en el huevo. La idea que yace en esta emoción le doy vueltas, le doy vueltas hasta que sea lúcida a mis ojos y que aparezca con toda la nitidez posible. Entonces busco un espectáculo que la traduzca con exactitud... Esto es el "simbolismo" si se quiere..."

El impresionismo y el simbolismo son ya dos amplios movimientos que dan vida a otras nuevas iniciativas.

El pintor moderno ha encontrado además una nueva modalidad de expresarse: la simplificación. Hombre supercivilizado conoce hasta la saciedad la forma de las cosas, ¿para qué repetirlas eternamente? En el arte decorativo moderno tenemos un típico ejemplo que nos da la clave de esta técnica: el reloj. Suprimiendo los números sólo unos trazos marcan las horas. Nuestra vista de hombres del siglo XX sabe perfectamente deducirla; hay más, en algunos de estos relojes sólo cuatro puntos marcan las dos mitades, vertical y horizontal de la esfera, lo demás lo hace nuestra imaginación, que sabe adivinar con precisión incluso los minutos. Es una pirueta de agilidad mental que gusta a nuestro espíritu acostumbrado al ejercicio intelectual.

También emplea el pintor de nuestros días, como el poeta, la metáfora (exclusiva hasta ahora de la literatura), dándonos el goce desconocido en lo plástico de "deducir" o "adivinar", ofreciéndonos por medio de nuestra vista sensaciones imposibles de "descripción precisa".

Estamos lejos ya de la exacta precisión de los primitivos que nos enseñaban uno a uno todos los detalles. Sólo cuando el pintor moderno llega hasta el sobrerrealismo tan peligrosamente destructivo y revolucionario vuelve a emplear la técnica primitiva, es decir, exacta, fotográfica, porque el sobrerrealismo nos habla de un "mundo nuevo" desconocido para nosotros, y entonces el pintor sobrerrealista nos descubre la visión de su subconsciente con una precisión capaz de suplir lo difuso de la idea. Es, como dice Lhote, "la instantánea psíquica".

Quisiera que estos comentarios sirvieran de llamada a la gente que estando capacitada para gozar del arte siente un malestar inexplicable ante la producción artística de nuestra época. Amar o no la pintura moderna es cuestión de gusto, pero, puesto que ya existe, es indispensable comprenderla.

Si en España hemos rechazado la pintura moderna con un gesto de púdico terror, ¿qué han hecho mientras tanto nuestros artistas, salvo algunas excepciones desde hace setenta años?

¿Habiéndose preservado a la generación actual de ideas tan depravadas se han formado por ese motivo más recios pintores? El resultado de la pintura joven puede verse en algunas Exposiciones, donde una juventud desorientada parece morir lánguidamente... Varios jóvenes talentos se encuentran aislados y una fuerte personalidad, ya consagrada, ha sido duramente combatida recientemente para escarmiento de posibles iniciativas...

Impidiendo el desenvolvimiento del arte moderno habremos ahogado antes de nacer al hijo natural de este siglo, y no por eso ha venido el Mesías de un arte mejor.

El arte está viejo. Y con la plástica, la literatura y la música, se agotan en repeticiones y plagios.

Dejemos al hombre asaltar los últimos reductos de su espíritu, ganar las últimas trincheras de lo inédito. Cumple así con su deber de artista, que tiene por ello algo de héroe.

Es evidente que lo que llamamos pintura moderna dio comienzo en una época que ya considerábamos vieja. Las modas de principios de siglo nos hacen reír hoy, y los tranvías de muías nos aparecen como pertenecientes a una época remota.

Todo lo más allá de la guerra del 14 se aleja en proporción que no corresponde al tiempo transcurrido. Más rápidamente aún nos alejaremos cuando termine la guerra actual. Sin embargo, la tendencia que se nota en España es la de evadirse del conocimiento de este período del arte contemporáneo, por considerarlo ya pasado, como sucede con algunas tendencias, como, por ejemplo, el cubismo. Esta actitud me parece pueril. En efecto, en Francia se habla de lo que ellos llaman "retour au réel", pero este "retour" no es sino la consecuencia de una "ida" que nosotros no emprendimos nunca, ni comprendemos aún, y, sin embargo, deja en los que están de "vuelta" ese algo inconfundible que va unido a toda experiencia realizada y vivida.

Tenemos que pensar que el pintor actual, como el artista de todas las épocas, sacrifica su deseo de éxito inmediato para obedecer a una voz de mando que le ordena avanzar un paso en la fila de su generación. Saben estos escogidos que en la vanguardia perderán todo su contacto espiritual con la masa que queda detrás, compacta, tranquila e incomprensiva. Saben, sin duda, también, que serán mirados por esa misma masa como desertores cuando debían ser admirados como descubridores de un nuevo mundo. Mueren muchas veces entre voces de sarcasmo y de burla, y sólo la siguiente generación, al pasar por donde ellos avanzaron, les ofrece piadosamente la gloria tardía de la posteridad, pues, como dice Lhote, "il est de plus en plus difficile en art, de travailler à la fois pour le plaisir de son époque et pour celui des temps futurs".

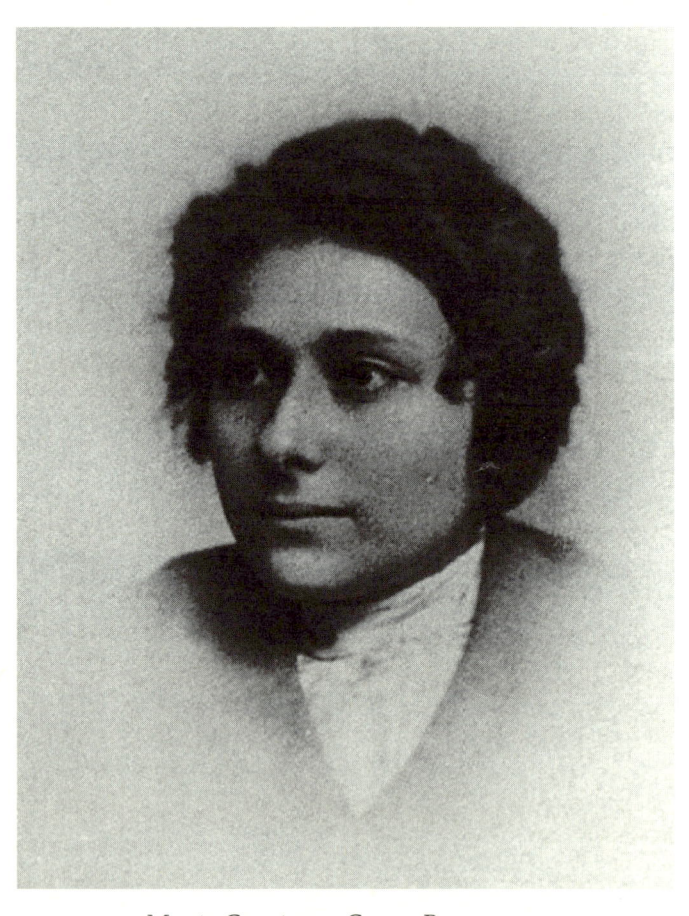

María Gutiérrez-Cueto Blanchard
(Santander, 1881 - París, 1932)
retrato de 1909

María Blanchard

Su destino

Santander, 1881. Una señora sube a un coche tirado por un tronco de briosos caballos; en este momento, los animales, prontos para arrancar, hacen un brusco movimiento de impaciencia. La señora resbala y cae sin lograr subir al estribo; está próxima a ser madre: una criatura queda marcada antes de su nacimiento con un sello de tragedia...

Poco después nace la pequeña María. Su padre pertenece a una vieja familia de la montaña; su madre es hija de un francés y una polaca. Pone una abuela en su sangre la herencia eslava, y treinta años más tarde, cuando los críticos examinan su obra pictórica, verán a través de su arte el "eslavismo" y el "españolismo" de su origen, repitiéndolo con pesadez monótona, queriendo, tal vez, así desentrañar el dramatismo singular de su visión personalísima.

Desde sus primeros pasos María se revela deforme. Tiene, por lo tanto, la infancia melancólica de los niños débiles y enfermos. Unos ojos negros, de mirada profunda e inteligente, una boca grande, una expresión simpática, un rostro interesante y atractivo hundido entre sus hombros. De no ser por su deformidad su trayectoria en la vida hubiera sido la normal; el amor, un marido, los hijos…; pero el azar torció, con su cuerpo, su destino, y María, naturaleza rebelde, ha de sacar más tarde, penosamente, de la negrura de su renunciación, su arte magnífico, hecho a la misteriosa luz de sus más tiernos sentimientos.

Desde pequeña es María una enamorada de la Belleza; todo lo que es bello atrae su atención y recrea su ingenua visión de niña.

A los dieciocho años, por iniciativa de su padre, gran aficionado, estudia el dibujo y la pintura. Para ello se instala la familia en Madrid, donde es discípula de Salas y Sotomayor, que, como suele suceder con tanta frecuencia, no aprecia su joven talento, que tal vez no se ha revelado todavía.

A la edad en que brotan con fuerza las ilusiones, la frágil y sensible muchacha es motivo de burlas. Los chicos de la calle, esa incipiente masa en ensayo de revolución, va detrás de ella, la acosan, la insultan e imitan despiadadamente su defecto. Algunas mujeres hacen a su paso, ostensiblemente, el signo de la cruz sobre sus pechos para que

Dios las libre de la mala suerte (¡cruel acto de piedad!). Sin volver siquiera la vista, María percibe la ofensa; las fibras de su cuerpo son como antenas que recogen a su paso la onda de desprecio o de terror.

Más tarde, cuando ha triunfado ya, pretende no haber estudiado la pintura sino por dar gusto a su padre. "Ningún talento –dice con sincera modestia, ante el entusiasmo de un admirador–; solamente mucho trabajo".

A la muerte del padre de familia, Gutiérrez Blanchard, atraviesa momentos difíciles. Dentro de su ambiente y de su época, el matrimonio hubiera sido una solución para María, pero no puede aspirar a ello; en este sentido está borrada de la vida. Un NO dolorosamente trágico flota ante sus ojos cuando sueña con el amor y la maternidad, pero está llena de inquietudes, se siente rebelde, capaz de "algo". Su fina inteligencia quiere sobreponerse a tanta miseria.

La muchachita que inspira risas y horror por la calle quiere ser admirada y triunfar. Para ello cuenta solamente con su espíritu...

¡La ambición!... Normalmente la mujer suele ponerla en manos del hombre. Por eso prefiere al ambicioso, porque sabe que tras de él, cogida de su mano, subirá dulcemente por la pendiente de la riqueza o de la gloria. Ella participa del triunfo en la vida pública del hombre tanto como éste goza del ambiente íntimo de la mujer (hijos, hogar); la intervención pasajera del varón en la paternidad es

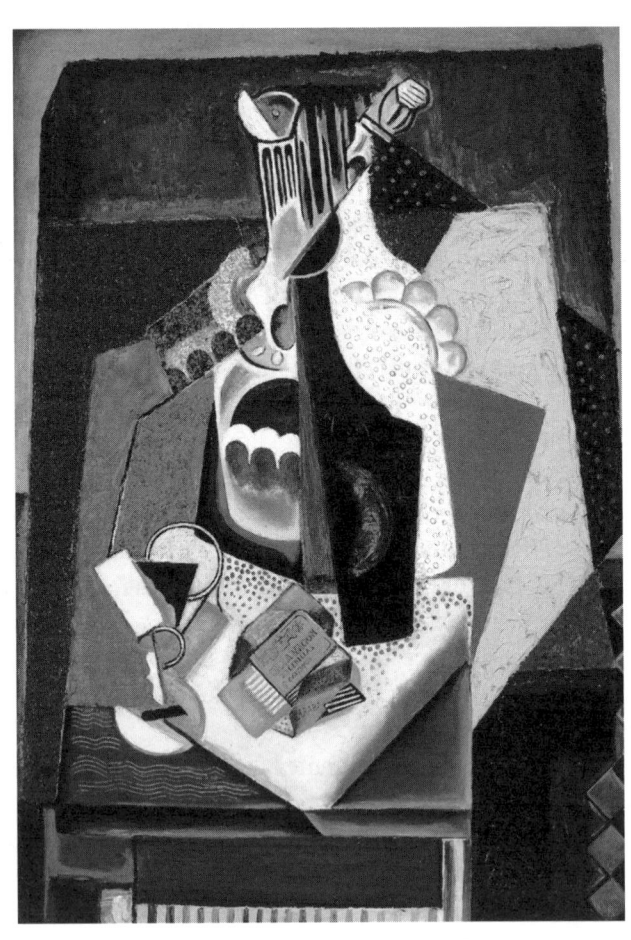

Bodegón con caja de cerillas, 1918
The Art Institute of Chicago

comparable, muchas veces, con la influencia psíquica de la mujer en la obra creadora del hombre. Hay algunas mujeres que desean, más o menos inconscientemente, esta paternidad intelectual como aportación reservada de su espíritu a la dinámica actuación masculina, y hacen de esta influencia psíquica una de sus más bellas fuentes de placer.

Pasiva por una necesidad de su naturaleza, la mujer necesita, sin embargo, la proximidad de la lucha y el trabajo intenso del hombre. Siente así más firme la seguridad del hogar, por el cual, con un sentimiento instintivo, vigila, pudiendo entregarse sin miedo al abandono propio de su condición, en el que va dulcemente diluido la sensualidad y el placer de la "finalidad lograda".

En la vida normal falta a la mujer el motor que da impulso a la idea, porque todas sus energías están fijamente enfocadas a la maternidad. Torcer este foco para iluminar cualquier actuación es un proceso dolorosísimo para ella, que sufre de este desvío como de la fractura de un miembro. El hijo bien formado, sano e inteligente, es, sin duda alguna, la obra de arte con que cada mujer sueña, pero cuando el equilibrio se rompe, cuando los complicados resortes del alma femenina no se ponen en marcha, la mujer tiene muchas veces una carga de ternura y de ambición capaz de dar impulso a cualquier ideal.

Se ha dicho que los sentimientos son como niños, a los que no cuesta trabajo engañar y sólo piden que se les entretenga. Ante una realización normal imposible, esta muchacha débil y deforme de cuerpo, femenina y tierna, con un fuerte e invencible instinto maternal, intenta un delicado y difícil juego de prestidigitación: va a transformar sus sentimientos. Y como si sacara una paloma blanca de un vaso de agua clara, María Blanchard echa a volar su arte.

PARÍS

Su arte es valiente como su voluntad de lucha. La mujercita débil tiene para la vida una mirada de desafío.

¿Dónde se desarrollará mejor su arte joven? ¿Qué clima espiritual será el más propicio para este hijo del amor por el cual está decidida a sacrificarse cuanto sea necesario?

Este sitio es París, sin duda. Artistas amigos suyos le hablan de esta maravillosa capital, llena de espíritu y curiosidad por todo. Libros y revistas traen las imágenes del nuevo arte.

Un hombre extraordinario, muerto hace poco, ha marcado una nueva estética: Paul Cézanne. El viejo Renoir pinta ya a las mujeres como frutas maduras, y el arte extraño de Gauguin, el inteligente y fantástico empleado de Banca parisién, se ha impuesto ya, al desaparecer, desde unas islas lejanas. También el loco Van Gogh, con una vida interior prodigiosamente intensa, de cuya mística entrega a la humanidad es símbolo la oferta de su oreja cortada, ha dejado tras de sí una obra llena de interés. En París están los maestros del "Fauvisme": Matisse, Van que representan la juventud en marcha. Todo ello es demasiado tentador para la imaginación de María, que decide marcharse. ¿Pero cómo? ¿Con qué medios de vida cuenta?

Llena de entusiasmo y de ilusión, mueve pequeñas influencias, corre de un lado a otro, ruega y, por fin, consigue: ¡está pensionada oficialmente con 100 pesetas mensuales! ¡Qué importa lo mezquino de la cifra! ¡París es suyo!

———

1908. Como lo fue Madrid, París también es cruel con ella. No le siguen los chicos por la calle, pero a su paso la gente aparta la vista con un gesto de repulsión o de desagradable sorpresa que hiere su sensibilidad profundamente.

Yo te veo, mi pobre pequeña María Blanchard, más pequeña que nunca, entre el bullicio y la grandeza de ese París desconocido todavía para ti. Tu pobreza, más pobre en medio del lujo descarado de la "Avant-Guerre"; tu deformidad, más cruel al cruzarte por la calle con tantas mujeres bonitas y pimpantes...

Una ola de amargura te lleva con ímpetu, casi con fiebre, a las puertas de los Museos, y allí todo tu cuerpo tiembla de emoción y agradecimiento. Ante tu mirada penetrante, ávida de bellezas, se abren inmensas salas llenas de cuadros, que tú vas, uno a uno, descifrando hasta arrancarles su secreto. Yo te veo corriendo las galerías de las calles Laffitte y de la Boetie buscando con emoción tu encuentro con los nuevos maestros, y al visitar el Gran Salón adivino tu sonrisa ante la cobardía de un arte insensiblemente estúpido. Yo te veo luego, cansada de trabajar todo el día, al salir del taller camino del áspero cuartito en que vivías, nublada todavía la vista por visiones de arte, al pasar cerca de una mujer bonita sentir un escalofrío de soledad. Por eso, cuando rebosando ternura sentías necesidad de emplearla en algo o en alguien; cuando poseída por un instinto maternal desgarrador, tenías que vivir atrincherada dentro de ti misma porque tu físico te prohibía ser una mujer como todas; cuando alguna amiga quería consolarte recordándote el don que Dios te hizo, con el cual podías gozar y ser admirada, tú contestabas con dulzura, sin rastro de amargura, pero con convicción y tristeza, con tu acento español a través de una lengua extranjera: "Non, non, c'est mieux la beauté que le talent". Más adelante, ya consagrada, hubieras tirado todos tus lienzos por la ventana, hubieras dado el genio y la gloria por tener un hijo tuyo entre tus brazos.

Aun viviendo en pensión modestísima, dentro de un colegio de niñas, no llegan sus ingresos a cubrir sus pocos gastos y se ve obligada a dar lecciones a esas mismas niñas para poder vivir. Más adelante, ella, tan generosa, cuando no sabiendo guardar lo que ganaba lo repartía entre los necesitados, nunca quiso dar nada a ese pobre colegio, en el que tanto debió sufrir y para el que guardará siempre un extraño rencor.

Durante estos años de su primera etapa en París, desde 1908 a 1913., aún sigue su espíritu burgués trabajando razonablemente en preparar, a costa de mil sacrificios, su carrera de profesora normal, con la que más tarde pretenderá una cátedra de dibujo en España.

Durante este tiempo trabaja en el estudio del pintor español Anglada y más tarde en el de Van Dongen. Estos años son los consagrados al estudio, tras los cuales volverá a su país a luchar por conseguir su puesto y vivir tranquilamente de él.

En 1913 vuelve a España, donde trabaja con entusiasmo buscando su expresión propia, y en su estudio de la calle de Goya pinta su extraordinaria *Communiante*, que hará sensación más tarde en un Salón de Otoño en París, y del cual nos ocuparemos más adelante.

En 1916, Ramón Gómez de la Serna presenta en Madrid, por medio de un pequeño catálogo, la exposición de las obras de los que él titula *Pintores Integros*.

Entre los de Bagaría, Agustín-Choco y Rivera aparece el nombre escueto de Gutiérrez, tras del cual María esconde de su condición de mujer. Un párrafo de esta presentación nos la descubre, sin embargo: "María Gutiérrez –dice– es un ser tan lleno de cosas, tan reservado, tan pleno de aho-

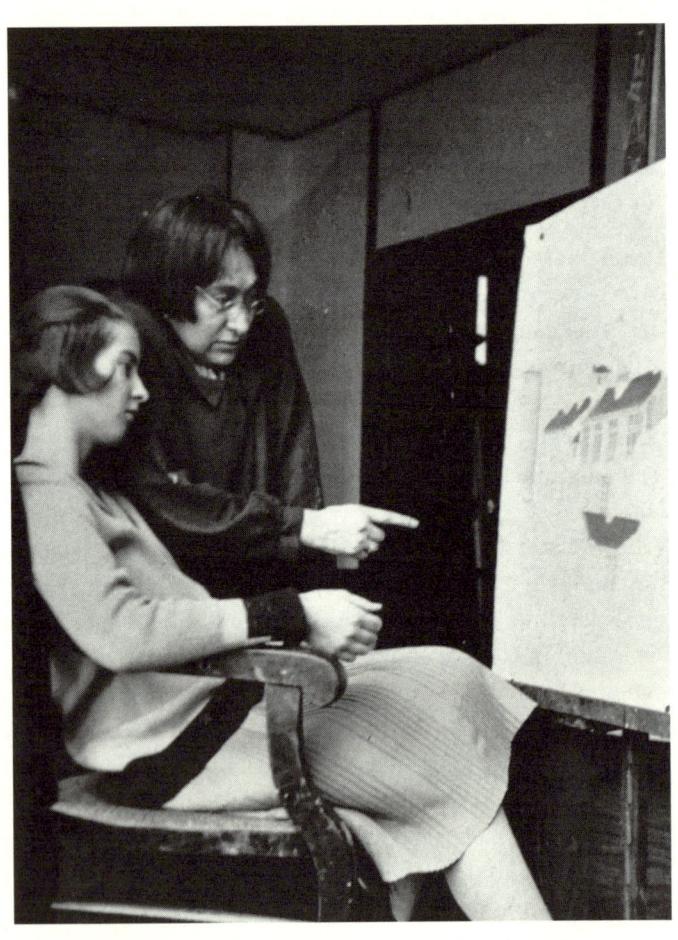

María Blanchard y Jacqueline Rivière, hija de Jacques
e Isabelle Rivière, en clase de dibujo (años 1920)

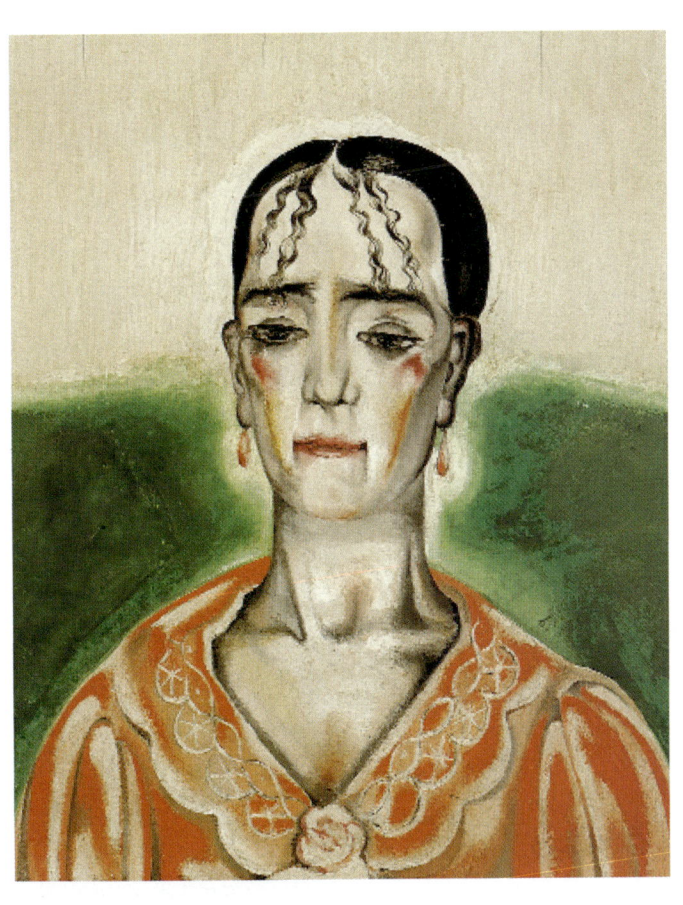

La española, c. 1910-1915
Musée d'Art Moderne de la Ville de Paris

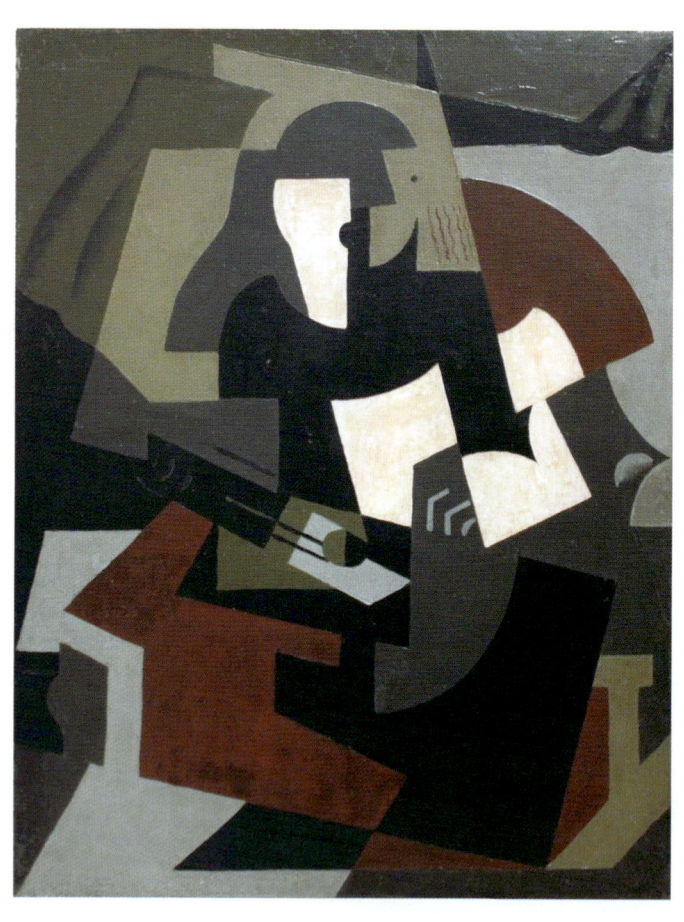

Mujer con guitarra, 1917
Colección privada

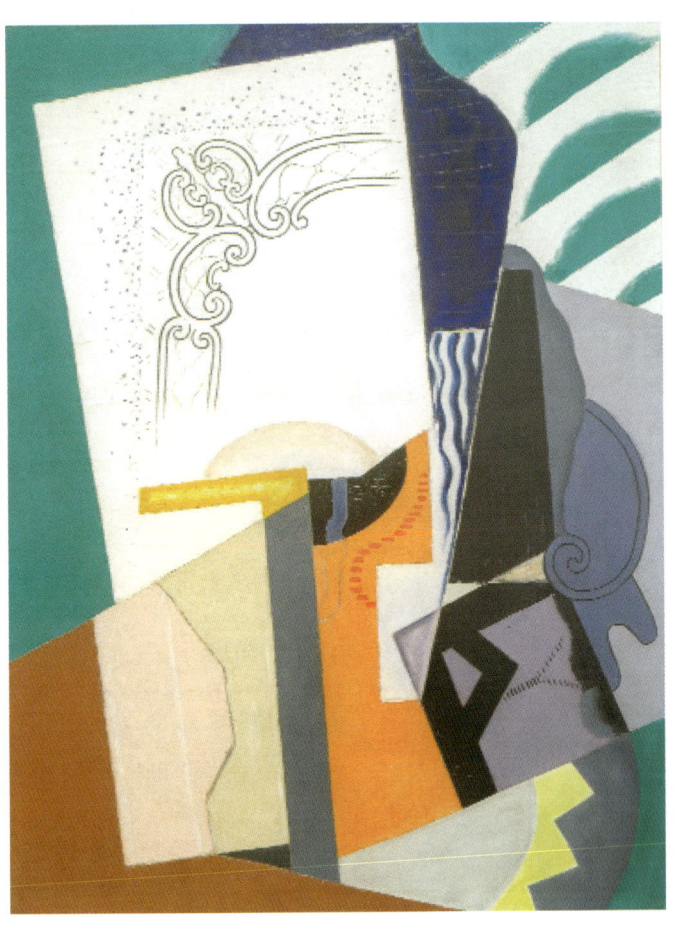

Composición cubista, 1916-1919
Museo Reina Sofía, Madrid

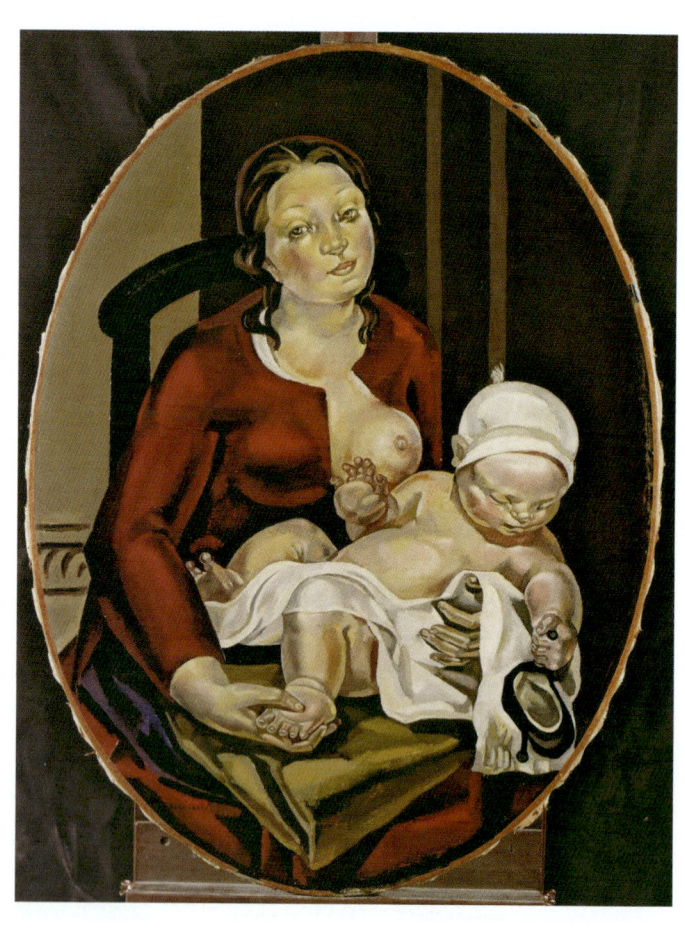

Maternidad, c. 1922
Musée d'Art Moderne de la Ville de Paris

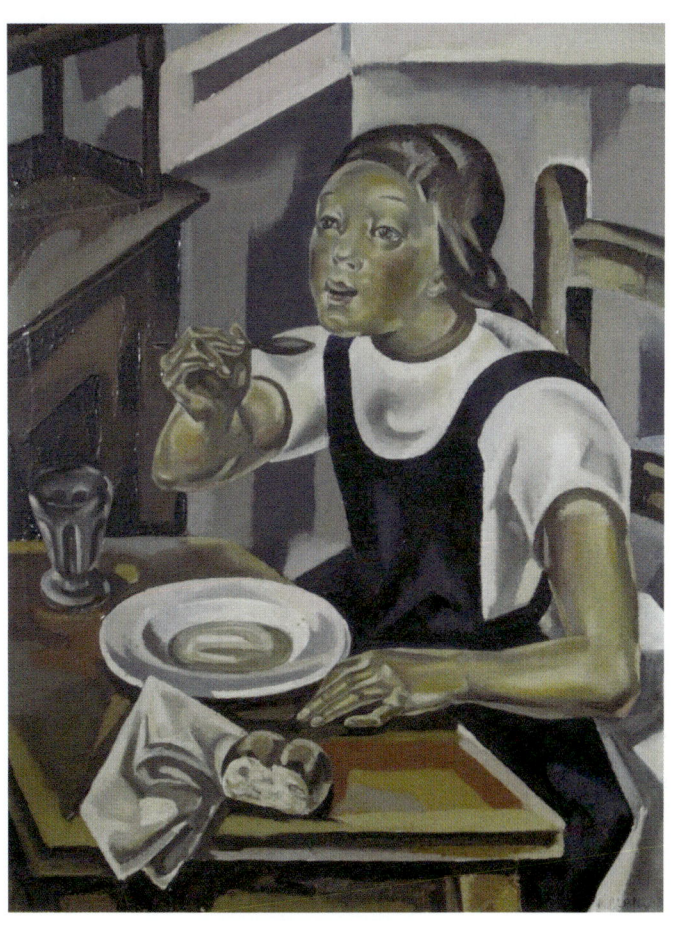

La niña de la sopa, 1924
Colección privada

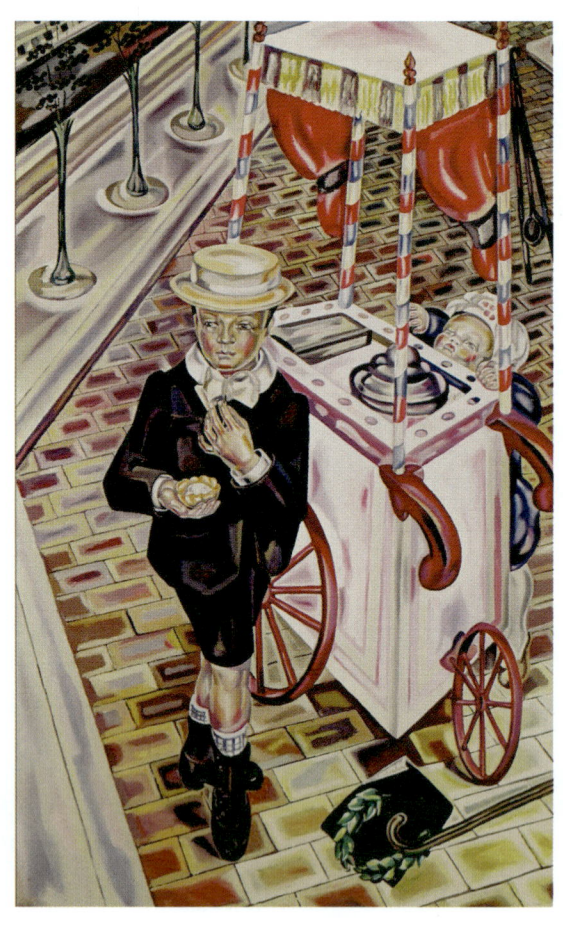

El niño del helado, 1925
Centre Pompidou, París

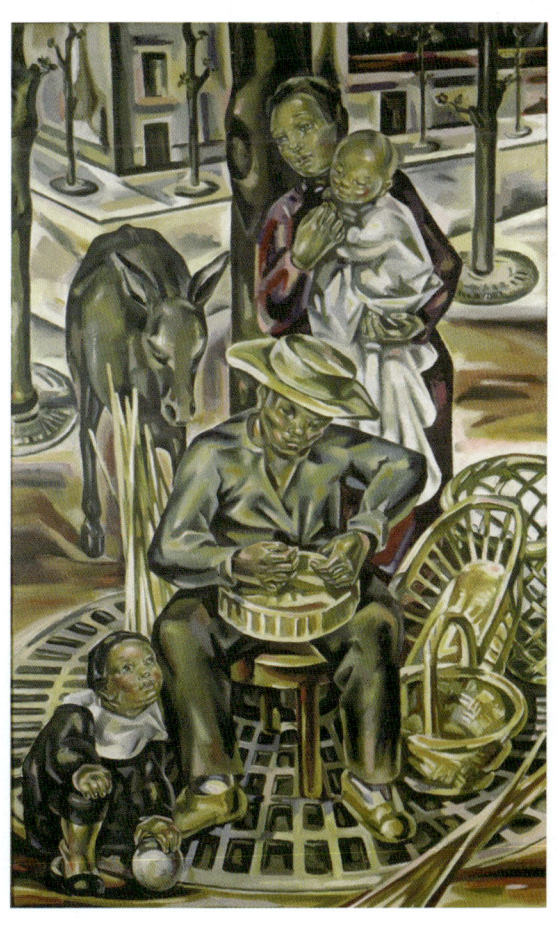

El cestero, 1925
Musée d'Art Moderne de la Ville de Paris

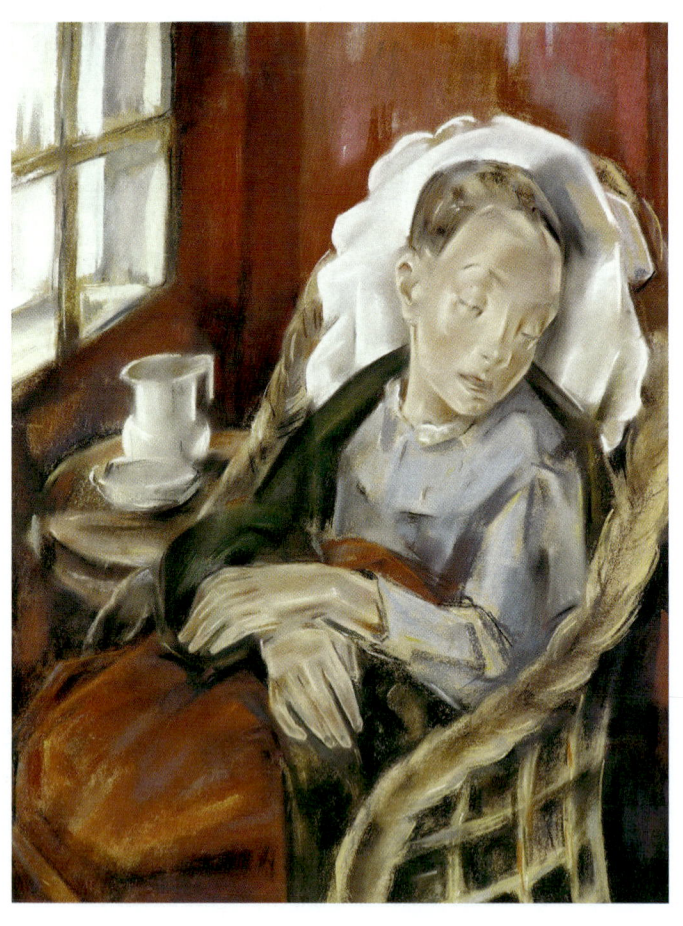

La convalescente, 1925-1926
Museo Reina Sofía, Madrid

rros, que nos tiene sobrecogidos". Y añade, como para disculparla: "Ella no es femenina, sino varonilmente maligna".

Por esta época parece ser que le conceden en Madrid una medalla de plata.

En estos momentos de la vida de María, cuando su ambición está ya despierta y un mundo de nuevas imágenes flota en su espíritu, la vida le ofrece una realidad por largo tiempo deseada: una plaza de profesora de dibujo en la Escuela Normal de Salamanca. Durante varios años preparó este profesorado, y ahora lo acepta sin ilusión, como un medio de vida. El martirio artístico de María empieza. Entre las leyes estrictas de la enseñanza habitual y la idea que ella tiene del arte hay un abismo. Le parece criminal obligar a sus discípulas a copiar láminas ridículas sin el menor interés artístico. Discusiones interminables, sufrimientos sin límite, humillaciones... En aquel ambiente mediocre, contra la mezquindad se estrella su ideal. Abandona o la hacen abandonar su puesto, y María Blanchard queda de nuevo sola, frente a frente a su arte.

Al dejar su cátedra vuelve a París. Ni cariño ni dinero para hacer frente a la vida; sólo unos lienzos la acompañan

Es entonces cuando la estética cubista gana su espíritu aventurero, su gusto infantil por lo extraordinario. Y unida al grupo de *L'effort moderne* tiene lugar su experiencia cubista, que dura un período de poco más de dos años.

Todo el mundo sabe la influencia del temperamento español en la corriente cubista de París, iniciada entre 1906 y 1908. El grupo creador del cubismo se compone de dos elementos esenciales; uno español: Picasso, Juan Gris, Zárraga, Ortiz de Zárate, Rivera, Picabia; otro francés: Braque, Gleizes, Metzinger, Le Fauconnier, Valmier, Herbin, Léger, Lhote, Ferrat, etc.; más otro eslavo: Apollinaire, Marcoussis, Lipchitz, Kupka.

El grupo de jóvenes cubistas la acoge cariñosamente, admiran sinceramente su arte y tienen fe en su obra.

Y toda la escuela de París, después de su dura lucha, parece como si la invitara a la confidencia, ofreciéndole un ambiente de íntima cordialidad.

El secreto de la escuela actual de la capital de Francia consiste en invitar al artista a decir lo que siente, dejando a un lado antiguos prejuicios y limitaciones de reglas convenidas... Aquí vemos el carácter marcadamente psicológico de la pintura actual en su parecido con el psicoanálisis. Llegan de todas partes del mundo artistas desgraciados, oprimidos por el sentido oculto de su arte. No han podido expresar sus sentimientos porque, tal vez, en sus países, como suele pasar en el seno de las familias, desconocían sus inquietudes íntimas. Todo allí les invita a la confesión. "Todo te es permitido –parece decir la escuela de París– con tal de que haya espíritu en tu obra y belleza en tu expresión. Hazte nuevo y sencillo como un niño y luego dinos lo que piensas, sin ruborizarte. Todo camino bello lleva al triunfo; acierta a descubrirlo y te veremos marchar por él cantando de gozo".

El joven artista trabaja con optimismo y al fin logra liberar su "secreto", que no es otro sino su obra artística tal como él la soñó. Tal como la siente. Muchos de nuestros mejores temperamentos han dejado en esa escuela amiga la confesión magnífica de su personalidad.

En este grupo de artistas tres de ellos sienten por la pequeña Blanchard una amistad y una estima superior: son Juan Gris, Lipchitz y Lhote. Los dos primeros forman con ella un grupo, marchándose al mediodía de Francia para entregarse con más libertad a sus ardientes experiencias teóricas. A pesar de su camaradería perfecta, se hacen sufrir mucho mutuamente. Estando dotados cada uno de ellos de una fuerte personalidad, les es difícil no intentar, involuntariamente, reducir a los otros dos a la suya propia. María, más que sus compañeros, se siente oprimida dentro de estas invenciones intelectuales, tan lejos de la ternura espontánea que hay en ella y quiere brotar sin trabas, lejos de toda teoría, que tan mal va con su talento esencialmente femenino.

Unida ideológicamente con Juan Gris y Lipchitz, rechaza durante este tiempo, con una energía que pudiéramos llamar "viril", todo lo que hubiera podido hacer sus composiciones más amables, más comunicativas, para encerrarse en teoría tan abstracta. Tanta energía en su desprendimiento nos demuestra hasta dónde llegó a sacrificar su dulce feminidad. Es la única mujer que ha practicado seriamente el cubismo puro.

En 1917 vuelve a París, donde vende toda su producción cubista a un negociante en cuadros, y su importe le libra durante una temporada de pasar hambre y frío y le permite instalarse sola en un estudio de la rue du Maine. Más que estudio, este local, destartalado y frío, tiene la apariencia de un garage. Dentro de él lleva una vida absurda y bohemia. Prepara su comida sobre una lámpara de alcohol, y a veces se olvida de comerla, quedando carbonizada sobre la llama o helada sobre el plato.

Sólo Dios sabe cuánto sufrió en este pobre estudio, del que solo amaba la luz. Una banda de amigos que habitaba el local contiguo le hacía la vida imposible. Cantaban y bebían toda la noche, y cuando, a pesar del ruido, María, rendida por el cansancio, dormía, como habían hecho unos taladros en el tabique, lanzaban sobre ella agua por medio de una jeringa, y a veces hasta trozos de algodón inflamado. Parece ser que el comisario de Policía al que María fue a quejarse disculpó alegremente esas bromas de juventud. Así, pues, sólo le quedaba el recurso, cuando el cansancio llegaba a su límite, de pedir refugio en un estudio vecino, para pasar la noche sobre una "chaise longue", temblando de encontrarse a la mañana siguiente todos sus cuadros reducidos a cenizas. Esta situación, que parece insostenible, duró, sin embargo, años enteros.

Mientras tanto, ¿qué pasa en el alma de María Blanchard?

Su arte se va cristalizando. Es una preparación dolorosa. Cada vez que desgarra o vence un deseo, entra en su espíritu una nueva visión melancólica: un niño con cara de pena, un borracho con nimbo de santo o una madre que aprieta a su hijito contra su pecho como si quisiera librarle del poder maléfico de alguna bruja invisible. Es un pueblo de almas que va invadiendo la suya y que más tarde, en la soledad del estudio, saldrán, unas tras otras, para pasar al lienzo.

La estructura geométrica rige sus composiciones hasta mucho después de haber abandonado el cubismo puro, pero aun en las que están sometidas a reglas, domina más el deseo de expresión que la obsesión del volumen y de la línea. Su vehemente temperamento rompe los diques del cubismo para desbordarse de ternura, y es entonces cuando su arte alcanza su verdadero sentido.

En el Salón de Otoño de 1920 sorprende a la crítica con su interesante *Communiante* (pintada hace varios años como ya hemos dicho, en Madrid). Críticos y "amateurs" se agrupan en torno de ella para averiguar algo sobre esta joven personalidad, que queda desde este momento consagrada. Un rico norteamericano le da un cheque en blanco por el cuadro, mientras el judío Rosemberg le ofrece unos miserables miles de francos y la celebridad. María, fina e inteligente, rechaza la tentadora oferta de una cifra elevada y acepta la protección de uno de los "marchand de tableaux" más influyentes de París: Léonce Rorsemberg.

Luis Vaucelles dice en esta ocasión: "La más notable de las expositoras es sin discusión María Blanchard. Su envío es una sensacional revelación. Se la conoce apenas, pero sus admiradores –André Lhote a la cabeza– celebran sus proezas. No hemos quedado decepcionados. *La Communiante* es un cuadro singular de un poderoso carácter, pintado con una ciencia consumada...".

Mucho se ha comentado sobre este extraño cuadro, primera expresión de su joven y apasionado talento. No creo, sin embargo, en contra de la opinión de muchos, que sea ésta su mejor obra. Otras salen de sus manos más perfectas y hasta más tiernamente concebidas, pero ésta es, sin duda, más María Blanchard que ninguna otra. Vertió sobre este lienzo, de un solo golpe, toda la amargura de su infancia y de su juventud oprimida. Es un magnífico grito de liberación, cuya estridencia suena como un eco todavía y nos pone en presencia de algo nuevo digno de atención.

En medio de tantos ensayos vacíos de ideas, *La Communiante* hace exclamar a un crítico de París: "On était subitement mis en face d'un fait scandaleux depuis l'impressionisme: un visage vivant".

María Blanchard, en *La Communiante*, nos dice tantas cosas como podría decirnos en muchas páginas escritas de un supuesto diario, y a poco sensible que se sea, ante el ambiente sorprendentemente extraño se siente la necesidad de ir descifrando las ideas en él contenidas. Dentro de su barroquismo pomposamente ingenuo, nos cuenta

María sus desengaños. Probablemente, su triste experiencia como profesora en el colegio de París sirve de tema a su composición.

La rigidez de la figura (a mi modo de ver) no es otra cosa que la rigidez mental de unas criaturas con las que luchó y a las que no pudo transmitir su tierna sensibilidad. Es tal vez la crítica inconsciente de la crueldad que encierra a veces la inocencia, la censura a unos seres que, debiendo ser ángeles –según la idea aceptada–, tuvieron con ella una falta absoluta de caridad y amor.

Nos sorprende primeramente en este cuadro su color, un colorido sangriento, trágico. La posición de la figura está intencionadamente exenta de espiritualidad o recogimiento. La dureza de la posición de las manos nos da idea de ello. Coge el libro con la derecha como si quisiera exhibir más bien que guardar los Evangelios. Con la izquierda el cirio ingenuo y adornado, de tal forma, que más bien parece empuñar una espada. La extraña corona de flores (flor de azahar) parece arrojada sobre su manto con violencia. ¿Quiere demostrarnos el poco valor que tienen los signos convencionales si a éstos se les asfixia dentro de una atmósfera contraria? La inocencia y la pureza pueden resultar abominables si un sentimiento de ternura y de elevación espiritual no las envuelve.

Después de su gran triunfo del año 21 la crítica comenta siempre este primer clamoroso éxito tal vez con un dejo de nostalgia.

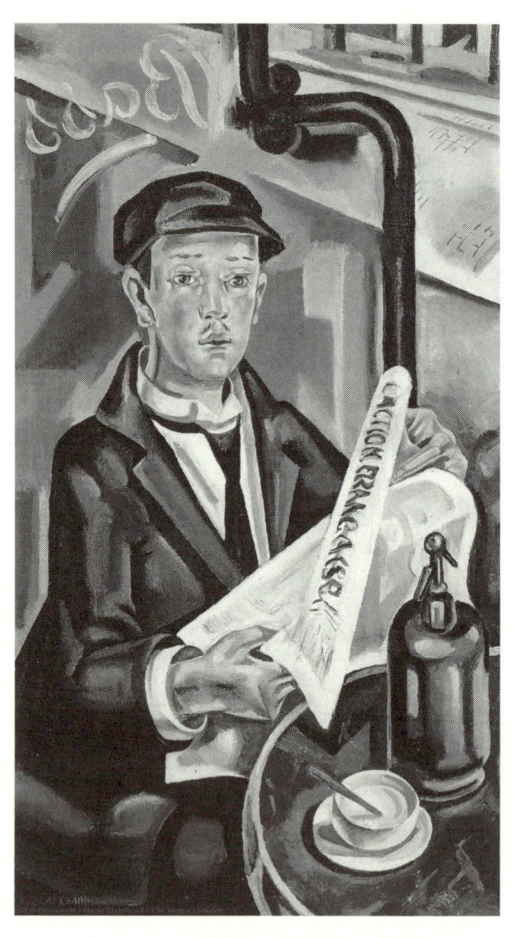

El joven realista [*Camelot du roi*], 1924
Colección privada

27 de enero de 1922. –Raynal publica en *L'Intransigéant*: *La lavandera* de María Blanchard, muy inteligente, sin duda, no hace olvidar el tiempo en que era *Première Communiante*...

Y el día 30 de enero del mismo año, refiriéndose, sin duda, a la misma exposición, dice desde *Comœdia* René Jean: "María Blanchard no ha perdido nada de las cualidades que celebrara en ella el año pasado, en este mismo sitio, nuestro eminente colaborador Jacques-Emile Blanche".

El año 23 se presenta por primera vez al público belga. André Lhote,[1] en sus escritos y en sus conferencias, no esquiva la ocasión ni escatima el elogio sobre María Blanchard. Es él quien escribe el prólogo para el catálogo de esta exposición organizada en Bruselas por *Ceux de Demain* y que contiene veintitrés obras de esta artista.

La fama de que va precedida y la expectación con que la recibe se ve por el número de *Libre Belgique*, del 19 abril del 23, en un artículo firmado J. M. Dice así: "La tercera exposición de Vanguardia *Ceux de Demain* nos muestra María Blanchard. Parece que Bruselas, después de París de

1. André Lhote, nacido en Burdeos en 1885, con residencia en París. Artista, crítico, teórico y conferenciante, ha publicado numerosos escritos sobre crítica y teorías de arte y ha pronunciado muchas conferencias sobre los mismos temas. Como pintor toma parte en la iniciativa cubista, sin sacrificar nunca la apariencia del mundo real. Espíritu finísimo y cultivado, su crítica es muy estimada en los medios artísticos e intelectuales de París.

1921, sabrá saludar en ella una de las formas del genio femenino de nuestra época…"

El éxito de aquella exposición lo conocemos por la crítica que nos viene de allí. Un inteligente escritor flamenco Van Woestyne nos dice: "María Blanchard es en primer lugar un corazón, un gran corazón humano. No hay el menor prejuicio en su obra. Ni el menor cálculo; no quiere demostrar ni probar nada; estoy convencido que no quiere ni enternecer; su arte es demasiado sencillo para eso, es decir, demasiado espontáneo, sin que el menor "anecdotismo" pueda alterarlo". Y más adelante: "Pinta simplemente lo que ye con una sinceridad y una honradez que se aprecia hasta en sus deformaciones, por las que hace pasar a sus modelos en el transcurso del dibujo para aproximarlos de su verdad íntima. Es lo que hace la grandeza del arte de María Blanchard; se muestra como producto de una naturaleza muy sensible; sin embargo, temerosa de todo *pathos* y tiene el pudor de su propia dignidad."

María, en plena evolución y unida de amistad con Lhote y La Fresnaye, inician juntos el Neo-Cubismo, y esta vez este nuevo trío de artistas que unen las mismas ideas, más comprensivos, más transigentes entre sí, mientras los hombres pintan escenas de los puertos o de la vida militar, María, que se ha encontrado por fin a ella misma pintando sus retratos de niños, juega con los pinceles a la maternidad…

La pobreza de ambiente que rodea muchas veces al artista, ahora que no cuenta ya con la protección dorada de unos Médicis ni el halago generoso del fausto de una corte, se trasluce en sus temas, a veces de una sencillez humilde.

Lejos ya de nuestros contemporáneos los importantes encargos, obras de grandes dimensiones que habían de adornar palacios y catedrales. Entonces el pintor, para ponerse a tono con el ambiente, se veía obligado a "engrandecer" su arte hasta hacerlo solemne y magnífico. Sus composiciones, de temas religiosos en su mayoría, daban pretexto para pintar escenas de carácter divino. Los dioses del Olimpo se prestaban también a la apoteosis, y todo ello alternando con inmensos retratos capaces de afrontar con gallardía las dimensiones monumentales de salones y galerías.

El pintor de otros tiempos, más artesano que artista, copia fielmente terciopelos y joyas, brocados y encajes. Sus personajes tienen el empaque y el ademán solemne de los grandes acontecimientos.

Sólo la vista de estos grandes lienzos cuajados de divinidades y realezas con toda su pompa era por sí solo motivo para sobrecoger de respeto. ¿Pero, qué ve el espectador en estas grandes composiciones del pasado? ¿Estamos seguros de que admira, de que ve siquiera la vibración genial del artista que palpita en la obra o sólo el asunto en sí y la realización irreprochable del artesano?

La obra de arte actual no ha tenido más remedio que reducirse para pasar, las más de las veces, por la estrecha escalera de la casa de pisos hasta situarse en el centro de un muro de escasas dimensiones. También ha tenido que hacer sus temas más sencillos de acuerdo con el ambiente. El pintor de nuestros días, que no siente ya la influencia de la Corte ni del Cabildo, del príncipe ni del prior, que vaga solo, desorientado y errante, pintando a su antojo, copia la pública naturaleza, y cuando medita encerrado en su estudio, lo hace a veces ante un montón de manzanas, como Cézanne o como Van Gogh, delante de unas humildes patatas, que seguramente han de ser su alimento de otro día. El artista coge su tema del momento y pone su arte siempre al servicio de su época. La nuestra marca un período de pobreza. Nuestro lujo es chabacano y vulgar, lujo de cabaret y de cine. El artista se retrae, se hace más reflexivo y también más orgulloso. Si el arte no fuera capaz de "embellecer lo feo", que poca cosa sería. El alma del artista se rebela. Van Gogh pinta repetidas veces un par de zapatos viejos que hoy se guardan en otros tantos Museos del mundo, ¡qué importa el tema! Este es, muchas veces, el mayor enemigo del artista, y por esto llega hasta odiarlo, hasta aborrecerle. Un orgullo satánico se despierta en él. ¿Es que la vibración de su espíritu, de su genio, que deja en su obra, no es bastante a despertar la admiración?

¿Que no pueden ser admirados por todos? Tal vez; pero el pintor moderno quiere que "sólo" su talento luzca en su obra, que sea un arte para minorías, un arte de artistas, un "arte artístico", como dice Ortega y Gasset. Y más artista que artesano, pretende ser admirado por él mismo, y lo que pierde la plástica lo gana, sin duda, la poesía...

Así María Blanchard recoge ese sentimiento tan de su época de "embellecer lo feo". Dar a lo que no es bello en sí una calidad de arte, parece ser el deseo de algunos contemporáneos más que copiar lo bello ya existente, porque de este modo más que de ningún otro, sin duda, puede sentirse el placer de crear la belleza.

El problema económico oprime ferozmente a María, hasta tal punto, que en 1922 varios amigos, compadecidos de su miseria, la ayudan a instalarse en un pabellón de la rue Boulard, en el que vive hasta su muerte. Diríase que con este cambio empieza una nueva época para ella. Su arte va alcanzando ya la plenitud, pero los trabajos, las luchas, los sufrimientos continúan a través de toda su vida envolviéndola en un ambiente de dolor, dentro del cual su temperamento de artista se vigoriza y exalta. ¿Es tal vez buscando este clima propicio para hacer brotar su arte por lo cual María, inconscientemente, se complica sin tregua la existencia?

Ordenada su vida dentro de una relativa holgura o al menos sin apremiantes necesidades, con la seguridad de una cifra regularmente recibida por medio de un contrato firmado con unos admiradores belgas, María debía haberse sentido tranquila y haber aprovechado su descanso moral trabajando sin preocupaciones. Pero no olvidemos que su arte brota de su propia inquietud y se nutre de su desgracia.

No pasa mucho tiempo sin que el desastre aparezca dentro de este apacible retiro. Una idea acaba de ocurrírsele a la inquieta incorregible: edificar sobre este pabellón en arrendamiento un estudio. Para ello se ve obligada a pedir dinero prestado. Su proyecto es poner en las habitaciones en que vive una especie de "Pension de Famille", con lo cual, según sus fantásticos cálculos, hará un magnífico negocio. Mientras, ella pintará en el estudio edificado encima de su actual vivienda. ¡María, que era el desorden mismo, que embebida en su arte no supo nunca arreglar un rincón confortable ni procurarse una comida normal.

Para poner en práctica su obra vive muchos meses entre el polvo y los ruidos. Los obreros la roban y el contratista la explota cobrándose el doble de lo convenido, ¡y hasta vive sin techo durante algún tiempo!

¡Pobre criatura, atormentada por su inquietud aún más que por su mala suerte!

Su proyectado negocio no es más que un semillero de disgustos. Amigas que no pagan y ella, con su generosa bondad, disculpa; otras veces recibe las más violentas protestas, reclamaciones, no siempre hechas de forma correcta; por fin, el fracaso. Pero dejemos al margen las miserias, las pequeñas luchas que la rodean, y penetremos en su estudio recientemente edificado, que es confortable y amplio, tranquilo y sosegado por fin. Para conocer el ambiente que crea alrededor suyo esta extraña mujer, procuremos verla en su estudio tal como la vieron sus amigos cuando la sorprendían pintando.[1] Incómodamente sentada en el borde de un sillón giratorio, en el que nadie hubiese podido sostenerse sin caer, ella, la luchadora, la inquieta, pintaba, por fin, sosegada y tranquilamente. Su trabajo era su descanso, el sedante para sus nervios, la satisfacción para su espíritu.

A medio vestir, manchada de pintura sus ropas, sus manos y hasta su cara. El pelo revuelto, despeinado, en un despreocupado desorden. Puestas sus gafas anticuadas de metal, de la cual uno de sus lados estaba roto y recompuesto con una hebra de hilo negro desde hacía ya muchos años. Tras de sus cristales, la mirada ardiente y aguda fija en el lienzo. A su alrededor un absoluto desorden, por el cual ella no parecía preocuparse ni siquiera sentir. Por el suelo lápices, pinceles, botellas, dibujos y un libro abierto; unos calcos cerca de unos trozos cortados de un traje que piensa reformar y el cual queda a veces

1. Esta descripción está tomada del librito sobre María Blanchard, publicado en Francia en 1934 por Isabelle Rivière, gran amiga de la artista, mujer de fina y cultivada inteligencia que trabajó en su conversión y la acompañó hasta su muerte en estrecha amistad.

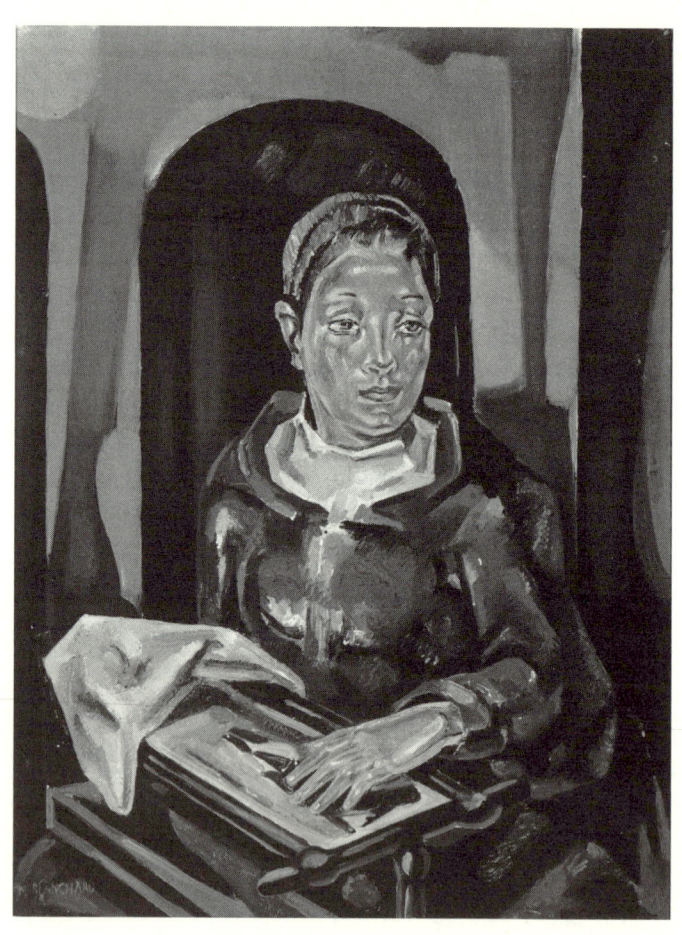

La bordadora, 1925-1926
Museo Reina Sofía, Madrid

durante semanas enteras esperando que María los una entre sí cogiendo la aguja en vez del pincel. Sobre una mesa rota la nota fríamente desagradable de unas viejas flores artificiales; ropas tiradas sobre un diván. Los muros blancos, desnudos, y sus cuadros en montones vueltos contra la pared. Tras de un cristal enmarcado una colección de mariposas recuerdan a la artista el magnífico colorido de la naturaleza, y más allá una fotografía de un *Descendimiento* de raro dramatismo, le habla de la forma dolorosamente contraída.

En medio de tanto desorden, de tanta frialdad, existe la libración de su espíritu como única vida; su risa infantil, su ingenua avidez para saber todas las cosas, presta calor a este ambiente de abandono. Su risa, su franca y pura risa de colegiala, suena a veces como una corriente de agua clara que arrastra y limpia sus inquietudes de otros momentos. Tiene algo de pueril su alegría, que no necesita para brotar de grandes motivos. Un día ve a un hijo de una amiga suya jugando con un muñeco de cartón, el cual, al tirarle de una cuerdecita, cambia cómicamente su perfil. El gracioso gesto del muñeco y su ingenuo mecanismo le produce tal entusiasmo que hay que regalárselo, y no siendo dueña de contener su júbilo sin expansionarse con alguien corre a casa de una amiga con la cual ríe hasta el amanecer.

Su conversación está mezclada de ingenuidades y de frases agudas y zumbonas llenas de ironía.

Todo lo absurdo cabe en ella, a veces después de una acalorada e interminable discusión, en la que parecía poner toda su alma, da repentinamente la razón de buena voluntad y pasa a otro asunto sin darle la menor importancia. Pone azúcar en la sopa, empieza los libros por el fin y va al mercado en taxi para ahorrar dos francos en la compra.

Para sus vestidos le gustan los colores más brillantes. Los volantes, los lazos le cuelgan por todas partes. Una vez compró unos zapatos azules con adornos blancos colocados de tal forma que al llegar a su casa descubre que parecen dos dentaduras completas puestas sobre sus pies, lo cual es motivo para dar rienda suelta a su risa.

Durante años enteros lleva un horrible vestido a grandes cuadros verdes y amarillos que no hay manera de hacerle abandonar ni con las más sutiles aunque insistentes indirectas, ni con los consejos más francos y razonados. Fue necesario que no quedara un solo pedazo para remendarle, y así hubo de dejarlo por necesidad.

Cuando se intentaba insinuarle de pasada que "francamente era el negro lo que mejor le iba", ella contestaba con una sonrisa "suplicante y zalamera de niño a quien se quiere quitar su golosina: "¡J'aime tant la toilette!"

Esta mujer genial, llena de fuertes contrastes como su pintura, tiene una psicología tan curiosa que ella misma es su mejor cuadro.

"¡J'aime tant la toilette!"

Exclama mientras su pobre silueta torcida se cubre con un traje viejo de un mal gusto agresivo y su inquieta cabeza de pelos revueltos demuestran una falta absoluta de coquetería. Su acento es tan femenino, sin embargo, como el de cualquier mujer "chic" que quisiera hacerse disculpar sus gastos excesivos.

Su arte

Es allí en el estudio de la calle Boulard donde pinta sus mejores lienzos. Allí donde recibe la visita anual de su gran admirador el rey Gustavo de Suecia.

El borracho, por ejemplo, este personaje triste y soñador –como dice Lhote– que procede del peregrino, del poeta y del obrero, tiene una formación espiritual muy parecida a la de *La Communiante*.

Aunque tan distintos en su técnica, el mecanismo ideológico de estas dos obras es muy semejante. El escepticismo y un fino sentimiento irónico lleva a María a jugar con el equívoco. En este cuadro nos enseña un hombre de fisonomía brutal, con su mano inmensa y ruda ávida de vino, mientras un barril del fondo nimba, por superposición, su rostro embrutecido. Para una inteligencia fina y un espíritu penetrante como el de María no hay nada absolutamente concreto. Sus personajes, como los de Dostoïevski, tienen una complejidad humana y conmovedora. Por primera vez en lo plástico nos presenta María Blanchard la dualidad del alma humana.

Su sentimiento irónico, nunca exento de ternura, se revela también el *El niño del helado* (*L'enfant à la glace*). Un colegial con su traje de domingo viene probablemente del colegio. Acaban de otorgarle un premio honorífico que deja caer con indiferencia ante la tentación de un helado que se dispone a comer, no sin preocuparse antes de su corbata. En su mirada inteligente y reflexiva se adivina un prematuro escepticismo y un amor a lo positivo. ¿Para qué sirve una corona de laurel? ¿No es preferible saborear una golosina?

El pomposo carrito del helado al cual asoma la infancia misma golosa y atrevida, el fondo de la calle con su minucioso empedrado, la línea del horizonte tan elevada y los minúsculos árboles, están impregnados de una fuerte personalidad que recuerda en cierto modo a los primitivos.

María Blanchard trabaja siempre en el interior de su taller. Jamás al aire libre ni ante modelo. Frente a la tela en blanco busca en su memoria la forma y el color y extrae de su fina sensibilidad la expresión de sus criaturas

Su memoria visual es sorprendente. En una ocasión dice al terminar uno de sus cuadros: "Es una viejecita que vi hace doce años..." Otra vez su modelo es un niño que cruza ante ella por la calle cuando va a misa, y esa visión que hiere su retina por cualquier motivo sensible queda grabada en ella con una fijeza de instantánea.

Tiene para sus criaturas una fisonomía propia. Los personajes de sus cuadros pertenecen todos a una misma raza. Nariz ancha, labios gruesos, tiernamente sensuales; ojos tristes, brillantes; cuello corto con tendencia a suprimirlo totalmente valiéndose de una posición adecuada, como en la *Joven campesina*, *La toilette*, *La niña del collar*, *La comida* y tantos otros. Obedece así a la ley psicológica tan conocida, que crea en el artista la tendencia a reproducir en sus obras sus propios defectos físicos.

No pretende, sin embargo, acercarnos a un tipo racial determinado ni aun menos regional. No tiene preferencia por un ambiente, por unas costumbres; no siente, como Gauguin, la influencia de Bretaña, ni de Tahití, ni de ningún otro lugar del mapa. Sólo marca una inclinación por los humildes, pero no intenta con ello darnos una lección social, pues su obra carece, por otra parte, de anecdotismo. María Blanchard nos pinta pobres seres meditativos, bien sean hombres, mujeres o niños, envueltos muchos de ellos en una atmósfera de un ridículo melancólico próximo a la ternura.

A través de la dulce escuela de París, su pintura conserva el carácter típicamente español de violencia y dramatismo.

Su dibujo es duro por ser demasiado fuerte. Su colorido, violento. No teme emplear el negro puro.

Hace brillar los objetos sin preocupación de la materia propia, y a veces la luz se descompone sobre ellos hasta llegar a producir el color en sus elementos primarios, azul, rojo, amarillo.

En cuanto a sus conocimientos técnicos, según el eminente crítico Waldemar George, "María Blanchard es de los que comprenden la vanidad de un arte escuetamente tradicional". Y añade:

"Mas si repudia el neoclasicismo, si adapta sus medios de expresión a su estilo, quiere beneficiarse de la aportación del pasado. Quiere decir que conoce perfectamente su oficio de pintor y de dibujante, y si evita hacer exhibición de sus conocimientos, los utiliza de una manera oportuna. La anatomía y la ciencia de la perspectiva no tiene secretos para esta artista, cuidadosa de realización".[1]

Mientras tanto, Rosemberg juega con ella como un gato con un pajarillo. María visita ilusionada su galería una y otra vez y allí espera durante horas enteras mientras el hábil comerciante atiende a sus ricos compradores. Luego se acerca a la pobre artista. Esta tiembla de emoción. ¿Qué desea? ¡Ah! ¿Para hacerle ver su producción? ¡Está tan ocupado! Y hay tantos pintores interesantes en estos momentos: Utrillo, Modigliani, Picasso; en fin, ya pasará algún día por su estudio. ¿Cuándo...? Perdone, señorita, un cliente me reclama. Y María vuelve a su estudio desalentada, inquieta, creyéndose poco interesante para este hombre, que, sin embargo, se lle-

1. "María Blanchard", por Waldemar Georges.

vará poco a poco lo mejor de su obra con un aire de indiferencia fríamente calculada para no despertar la ambición de esta pobre mujer.

Prefiere, sin embargo, María Blanchard la sequedad del comerciante al cálido elogio y la ferviente admiración del "amateur".

Vender sus obras es siempre una tragedia para ella, pero, al menos, el trato con un comerciante es algo preciso en que no debe mezclarse el sentimentalismo. Se trata de un hombre frío y calculador que compra lo que sabe que ha de revender a mayor precio. ¡Pero el aficionado! ¡Esos entusiasmos, esas exclamaciones de sorpresa, de admiración, esas largas contemplaciones silenciosas todavía más elocuentes! No. Un extraño pudor se despierta en esta mujer ante la admiración de su obra y se resiste a entregarla como si al vender un lienzo prostituyese su arte. A veces sostiene luchas interminables como aquella con un joven escritor americano, que quedó como hipnotizado ante la expresión extraña de su pintura, y hasta tal punto produce impresión en él que permanece una hora sin hablar delante de una de sus *maternidades*, creyéndosele loco. Pues bien; este hombre, que amó la expresión artística de María hasta el éxtasis, se tuvo que marchar sin conseguir que le vendiera nada.

Todos los argumentos eran buenos para disuadirle. Todavía no estaba terminado su cuadro, pero, además, no era la suya una pintura "interesante" y, sobre todo, sería una mala colocación de dinero, estaba segura de ello, y de que al día siguiente, si llegaba a comprarle algo, estaría arrepentido de haberlo hecho.

MISTICISMO

Las dificultades que encontró en la vida, esa vida incompleta, mutilada, de mujer sola, que tiene que ganarse el pan al mismo tiempo que abrir un cauce nuevo a su problema afectivo. Esa ausencia de verdadera amistad que todavía no ha sabido conquistarse; esa atmósfera de desprecio, de repulsión física que pone entre ella y las demás criaturas una diferencia de casta. Ese rencor que la aleja a un mismo tiempo de la madre que no supo evitar ni corregir su defecto, y del Dios que la hizo deforme. Todo contribuye a crear el escepticismo y matar en ella la fe religiosa.

En este estado de espíritu cae en un ambiente de bohemia literaria. Personajes con extraña indumentaria y ojos de fiebre proclaman las más atrevidas teorías y encendidos por el ideal hablan de Rousseau y de Carlos Marx, de Proust o de Baudelaire. Sus palabras son vehementes y cálidas y sus ideas humanitarias. Desprecian al poderoso y respetan al humilde, y en medio de esa amable camaradería María siente igualada su pobreza y disculpado su defecto, y agradecida, entra en esa gran familia de la bohe-

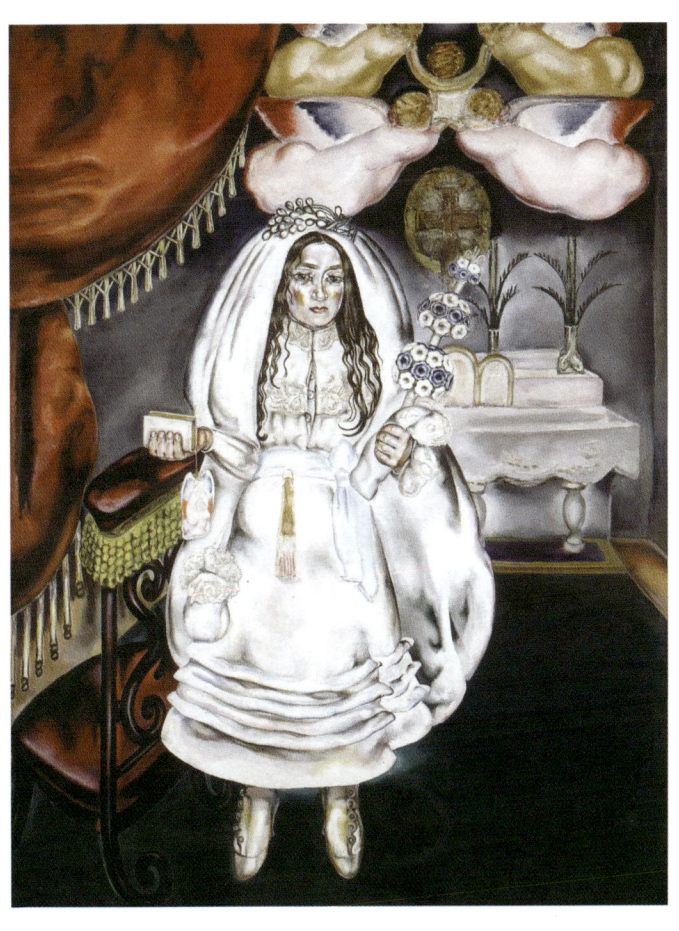

La comulgante [*La communiante*], 1914
Museo Reina Sofía, Madrid

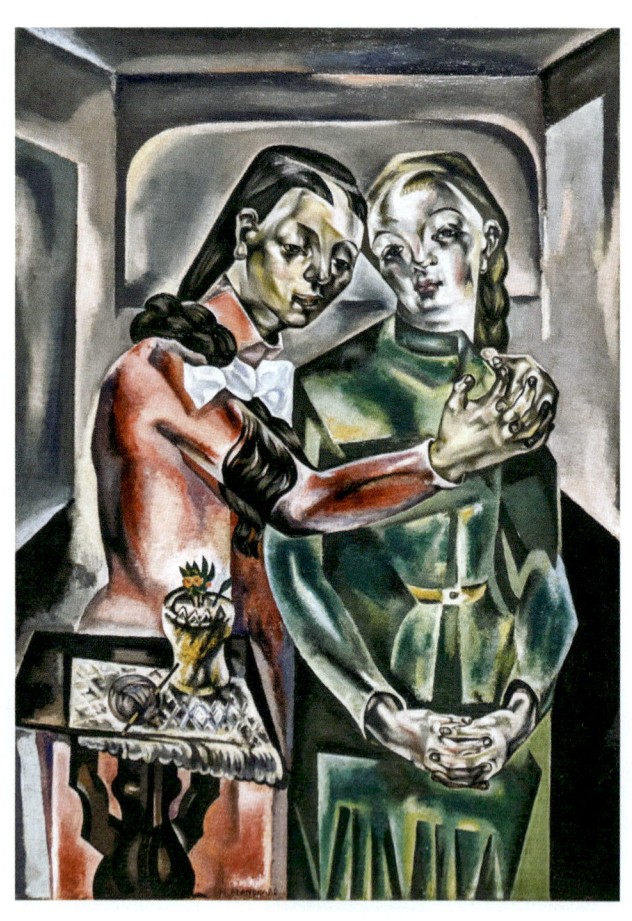

Las dos hermanas, 1921
Colección Abanca, España

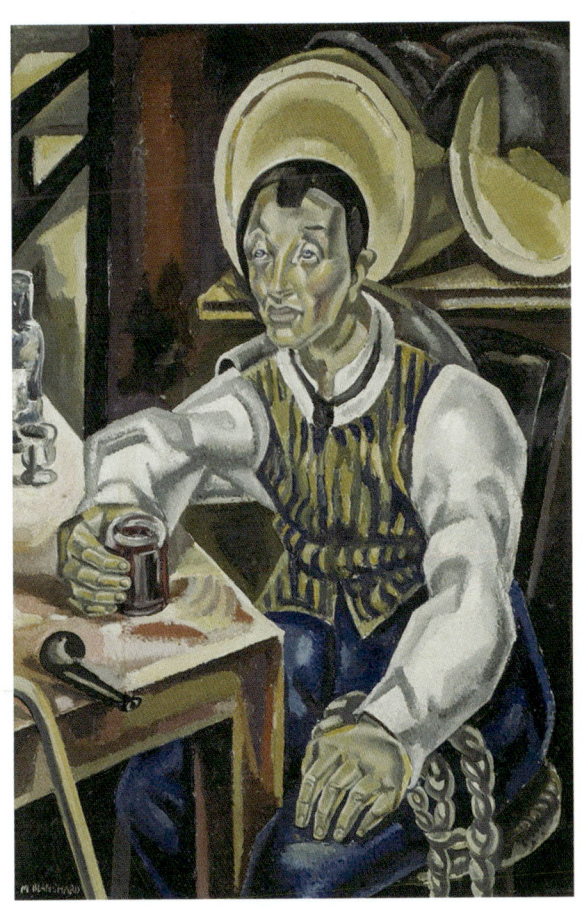

El borracho, 1923
Colección Abanca, España

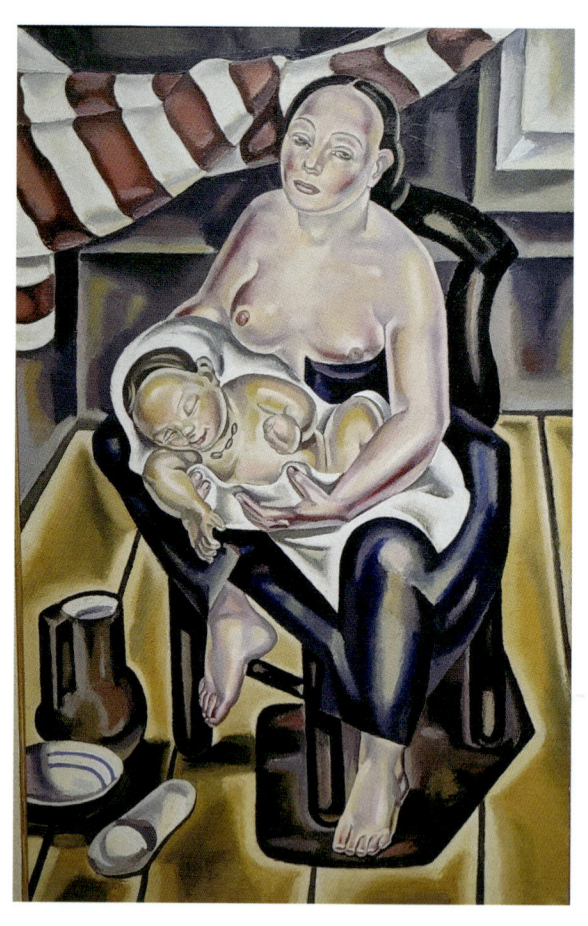

Maternidad, 1922-1923
Colección privada

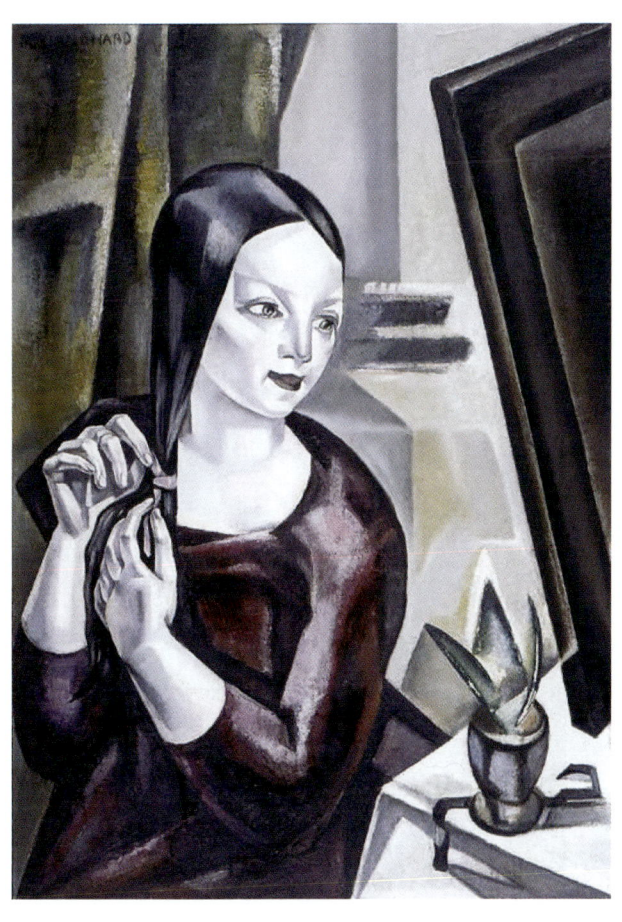

Aseándose ante el espejo cuadrado [*La toilette*], 1922
Colección privada

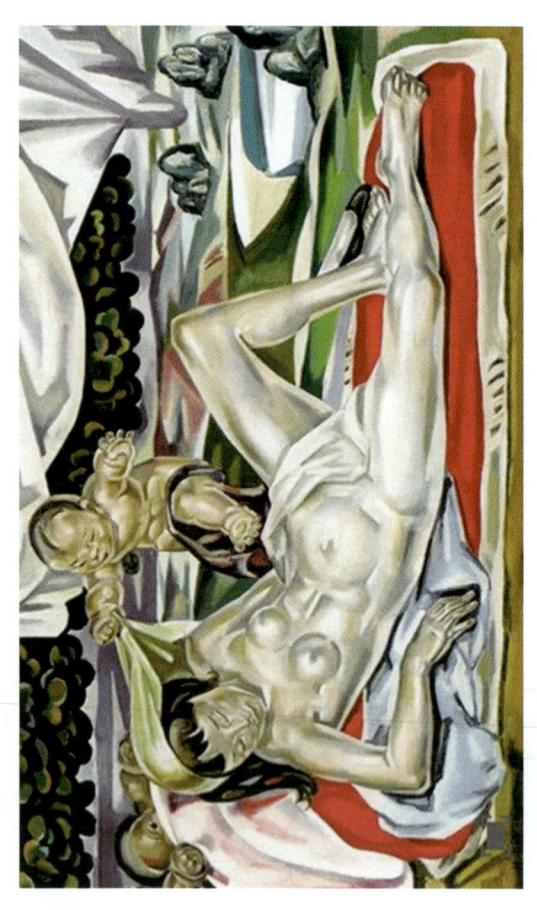

Desnudo, s.f.
Colección privada

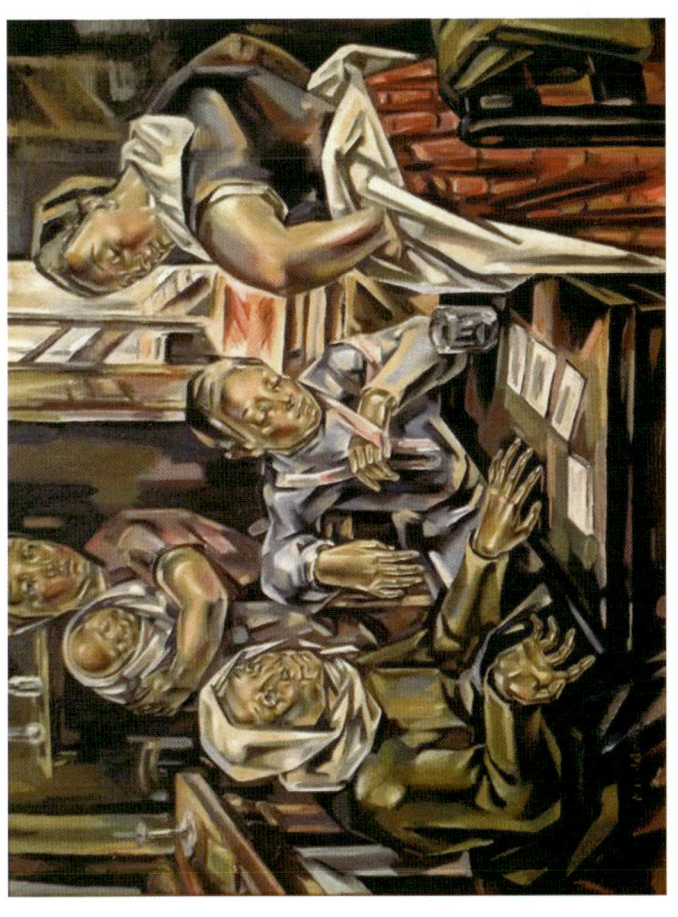

La echadora de cartas, s.f.
Colección privada

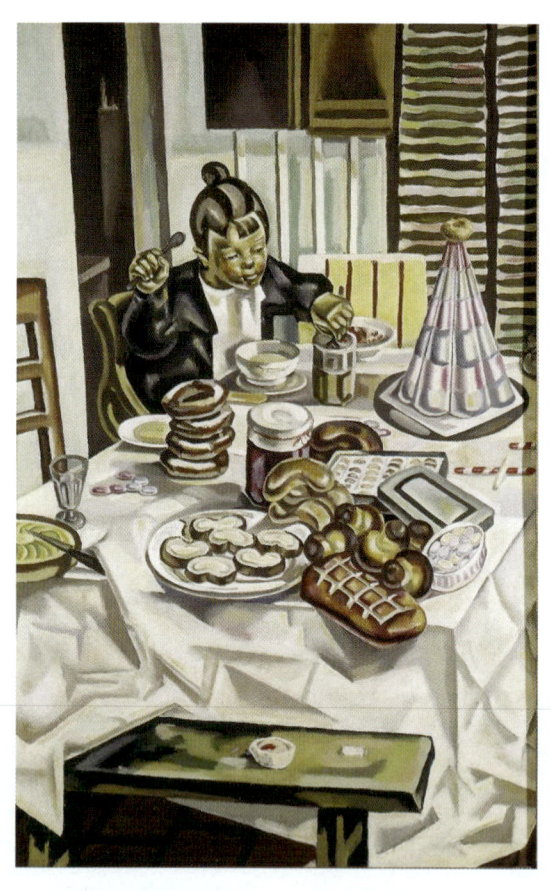

El niño de las tartas [*La gourmandise*], 1924
Musée d'Art Moderne de la Ville de Paris

mia, bonachona y descreída, que le brinda un poco de calor humano.

Varios años, tal vez diez o doce, sigue María alejada de Dios, de ese Dios que cree injusto y cruel, de una religión que, según ha podido ver en la vida, seca el corazón de los que la practican, los mismos que se han burlado de ella tantas veces, los que se santiguaban a su paso por las calles...

Un disgusto entre sus camaradas la descubre bruscamente la realidad.

No es todo en ellos amor al arte y sana rebeldía. También, a pesar de su campechana franqueza, estos hombres idealistas y transigentes sienten pasiones ocultas, inconfesables mezquindades. Como el niño que ve por primera vez la muerte de cerca, María se espanta de la corrupción del alma humana. Su espíritu sensible sufre con este choque, y amante siempre de lo bello, esta noble y sincera mujer se encamina hacia Dios, la belleza suprema...

Camino duro y lleno de zig-zag, de subidas y bajadas... Nada es fácil para un espíritu complicado, y María, siempre atormentada, ha de sembrar de dudas y de escrúpulos su propia senda. "Cessez de discuter jour et nuit avec Maria Blanchard... mais parlez souvent au Seigneur", le escribe en 1927 el padre dominico que la dirige.

Poco a poco va despojándose de las viejas doctrinas filosóficas, los errores desde su nuevo punto de vista caen desprendidos por su base como hojas de otoño, y al mismo tiempo que evoluciona su espíritu, su arte se acerca más a la realidad.

Por entonces muere uno de sus mejores amigos, Frenk Flaush, que desde hace tiempo, por medio de una asociación belga, tiene firmado un contrato con María asegurándole una renta suficiente para vivir. Queda de nuevo desamparada, y en esta soledad se acerca más a Dios, al Padre bondadoso que acaba de descubrir en el lugar donde antes hubo una divinidad injusta y cruel.

Muchos de sus amigos empiezan a alejarse de ella. "Punaise de sacristie" la llaman entre burlas y risas, y terminan abandonándola. ¿Qué importa? Esta pobre criatura atormentada, ¿no va ya camino de la serenidad?

Isabelle Rivière, la amiga inteligente y cultivada, la sostiene moralmente, y un confesor de talento aclara dudas y calma sus escrúpulos.

Es conmovedor el interés que pone María Blanchard en comprender la religión y practicarla; lecturas que la instruyen, sermones que toquen su corazón, ejercicios espirituales que aviven su virtud. Nada escatima esta pobre criatura para exaltar su fe. Su alma ardiente busca el trabajo en la conversión de los incrédulos. (¡Ella todavía tan frágil y tan llena de dudas!) Intenta enderezar las vidas. Vela a los enfermos y consuela a los desgraciados, y sin darle importancia, como quien recibe más bien que hace un favor, socorre a los necesitados. Hasta brota en ella una nueva fiebre de trabajo y sueña en estos momentos, los primeros de ambición de su vida, con hacer una fortuna para dejársela a los huérfanos.

En esta ocasión vuelve a escribirle su confesor: "Travaillez et songez à l'avenir. Quand votre situation matérielle sera plus stable vous pouvez songer a employer une partie de ce que vous gagnerez à ces répartions que votre conscience envisage, mais vous ne devez pas compromettre votre situation actuelle".

Curiosa psicología la de esta mujer, beata española en medio de la corriente artística de París. Mal trajeada, casi miserable, con su abrigo de piel vieja, acurrucada desde el alba en un rincón de la iglesia, oye una tras otra varias misas. En su interior, una visión de artista disciplinada por el estudio. Durante sus meditaciones mezclará la técnica pictórica con los escrúpulos religiosos, y la vida de los santos con la de los grandes maestros de la pintura.

Sus dedos afilados, esos dedos entretenidos siempre en espiritualizar la materia, cogen con la misma avidez, con idéntico deseo de elevación, las cuentas del rosario o el pincel.

Comparte su vida entre el estudio y la iglesia, y muchas veces, mientras reza, surge en su imaginación la idea de un nuevo cuadro, alguna tierna maternidad que escandalizará al público por su modernismo atrevido.

Más tarde, en su estudio, sonará en sus oídos las palabras del sermón de la víspera y la fe que va brotando en ella hace correr su pincel más ligero, más ágil que nunca.

El amor a Dios y a su prójimo llenan a los personajes de los cuadros de sus últimos años de una irresistible espiritualidad.

En una ocasión decide entrar en un convento como religiosa. Con el apasionamiento propio de su carácter prepara todo precipitadamente para marcharse. En un arranque brutalmente doloroso se desprende de todo lo más querido: su "estudio", sus amigos, sus cuadros...

Encuentra un placer profundamente romántico en sacrificar cuanto posee, porque cree así acercarse más a Dios.

Deshecha, quebrantada la salud por el esfuerzo moral, llega con sus maletas, dentro de un taxi, a visitar a su confesor y comunicarle su repentina decisión para que él la dirija desde allí hasta el convento en el que piensa terminar sus días.

La pena que le produce su desprendimiento del mundo y la renuncia de su arte se trasluce en su agitación exterior y en sus ojos congestionados por el llanto.

Su confesor la contempla compasivo unos instantes. Su pobre figura de jorobada es en estos momentos de un ridículo enternecedor. ¿Qué peligros pueden acecharla en el mundo para que así huya de él?

Acaba de hacer la última, inútil y dolorosa renuncia: la de su arte.

Este hombre, inteligente y compasivo, la escucha, y después, con una dulce y benévola sonrisa, le hace una senci-

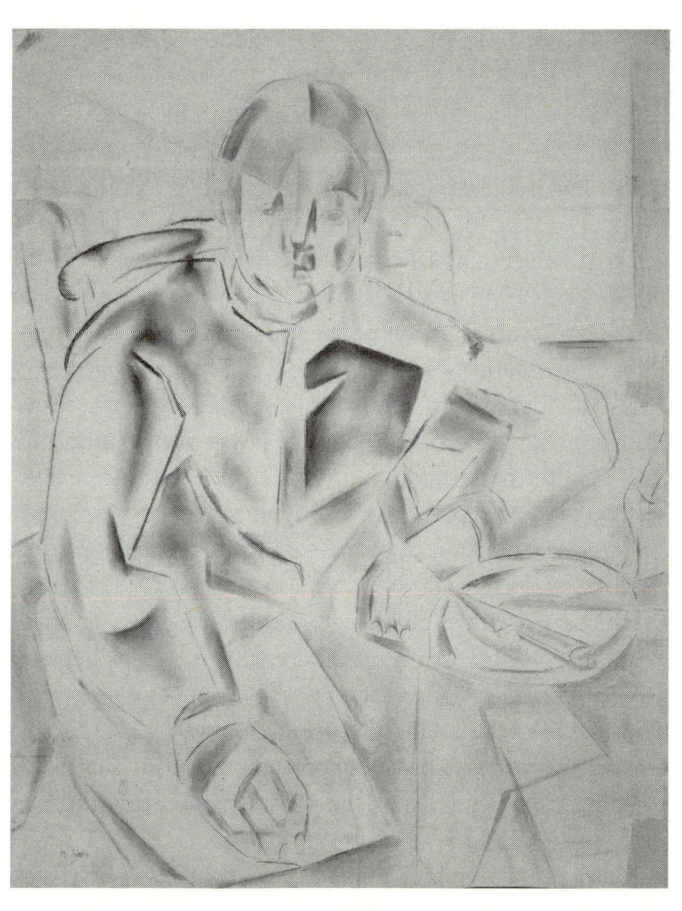

Boceto para *Joven campesina*, 1922
Museo Reina Sofía, Madrid

lla pregunta, magnífica por su sencillez: "Et... pourquoi faire?".

El taxi que la espera en la puerta para llevarla al convento la deja de nuevo en el estudio, poco antes abandonado. Las palabras fríamente sensatas del religioso han deshecho en pocos momentos una decisión tomada con el ardor de su temperamento apasionado. Durante mucho tiempo suena en sus oídos una frase, que se repite mil veces, como un lógico y monótono razonamiento: "pourquoi faire?, pourquoi faire?.."

En unos momentos en que se siente agotada como nunca por un exceso de trabajo, María recibe la noticia de que una hermana suya, madre de tres hijos, ha quedado en España desamparada, sin ningún medio de vida. Dios ha puesto delante de su camino esta prueba para su abnegación y ella no duda.

De nuevo tiene que pedir prestados unos miles de francos, que envía a España. La madre y los tres hijos llegan a París y María se ha de ocupar desde entonces de sostener una familia. Carga en desproporción con sus fuerzas. ¡Qué ilusión, sin embargo, para su ternura esos tres niños que llevan su sangre, a los cuales tendrá que cuidar y educar y casi ser su madre!

María trabaja, trabaja cada vez más, pero ahora con más ilusión, con una finalidad. Hay que dar de comer bien a los niños, vestirlos, educarlos, enseñarles francés; más tarde les pondrá una profesora de alemán. No escatima los gastos para procurar todo lo bueno a esos seres que Dios ha puesto de pronto bajo su protección.

Como su manera de vivir fue siempre absurda, ella no tiene gran experiencia de las cosas, pero ve que los niños gastan los zapatos a una velocidad alarmante; el calzado es caro en París; ¿cómo hacer economías? Ve en un escaparate unas piececitas de metal, que aplicadas a la punta de los zapatos por medio de unos clavitos, prolonga la vida de éstos, conservándolos en buen uso. Las compra entusiasmada, y durante todo un día, con un martillo en la mano, trata de aplicar esa piececita a los zapatos de sus sobrinos.

No es cosa fácil; los clavos son demasiado largos y salen por dentro; luego hay que remacharlos y repetir seis veces esta operación. María, impaciente, se desespera. De pronto piensa: ¿no hubiera sido más productivo haber pintado todo el día en lugar de golpear con el martillo sobre unos zapatos viejos?

De esta época datan algunas de sus más tiernas *maternidades*, así como algunas composiciones religiosas, como un *San Tarcisio*, de una pueril y enternecedora expresión de fervor.

Hace varios años que la vida de María Blanchard va declinando. Su trabajo excesivo va gastando su pobre naturaleza.

Nunca llegan a la máxima ancianidad los seres que, como ella, están mal constituidos, y María se acerca penosamente a su fin al rayar sus cincuenta años.

Sus amigos notan con inquietud los progresos de su mal, pero ella, siempre inquieta y activa, no da reposo a su cuerpo, agotado y enfermo.

No se comprende de dónde saca las fuerzas para asistir a todas las conferencias y a todas las funciones religiosas; para leer, para discutir con energía sobre todos los temas y, sobre todo, para pintar...

Por las noches el ahogo le impide tenderse en la cama y pasa muchas horas apoyada sobre un codo, descifrando pasatiempos o haciendo "solitarios". Sufre un persistente insomnio, pero cuando el sueño, al fin, la rinde, despierta poco después sobresaltada, con un agudo dolor de cabeza, y tan intenso es éste que hay veces que entretiene su sueño jugando, por miedo a un brusco y doloroso despertar.

Su comida, que siempre fue tan escasa, es ahora casi nula. Todo le hace daño, por lo que, con sincera ingenuidad, ha decidido suprimirla casi totalmente para evitar los trastornos que le produce.

Es frecuente encontrar en su estudio, sobre alguna mesa, un vaso de leche olvidado que no quiso tomar.

Poco a poco se va debilitando. A veces, en medio de una conversación, queda rendida, momentáneamente dormida en su butaca, mientras los que la rodean observan con horror en su cara demacrada los signos de una próxima muerte.

Aun en este estado de agotamiento encuentra todavía fuerzas para moverse y actuar, y con esa grandeza de alma que la caracteriza y que hace de ella un ser tan atrayente, se ocupa de favorecer a los demás. Remediar infortunios es la mayor preocupación de esta infortunada mujer que supo convertir su desgracia en fuerza creadora del bien y de la belleza.

El final se va acercando penosamente y María no puede ya abandonar el lecho. Algunos jóvenes artistas se acercan a ella con devoción y tocan, como si fuera una reliquia, la tela del diván donde reposa, si a su inquieto malestar puede llamársele así, mientras contemplan su pálido y claro rostro de iluminada.

Apoyada sobre un codo, ensangrentado a fuerza de sostenerla (siempre tuvo un instinto especial para buscar los sitios menos confortables y las posiciones más incómodas), sale de sus pulmones triturados un ronco estertor de angustia, y con una vibración febril en la voz dice a los amigos que la visitan: "No trato de vivir sino para pintar".

Todavía hace proyectos esta pobre moribunda, y dice a su hermana: "Si vivo, voy a pintar muchas flores..." Seguramente su cerebro debilitado se esfuerza en evocar con insistencia de fiebre las bellas formas inocentes. Desde los colores más imperceptiblemente finos hasta los más intensos, con reflejos de terciopelo, pasan por su imaginación con precisión de calentura. Ya próxima a la muerte y extenuada, su alma, lo que siempre fue fuerte en ella, tiene una exuberante visión de primavera.

Es curioso este hecho, porque nunca pintó esta artista flores, y sólo al borde de la tumba siente este deseo, como si quisiera adornarla con ellas.

Por primera vez en su vida se adivina en sus palabras y en su rostro una radiante paz interior, y la fe, con tanta voluntad y tan firmemente conseguida, pone en sus ojos de moribunda un resplandor de gloria.

Adivina ya las magnificencias de un cielo en el que, despojada al fin de su cuerpo deforme, su alma luminosa y sensible pueda extasiarse eternamente en la contemplación de lo infinitamente bello, sin mezcla de humanas miserias.

Después de su confesión pide le sea leída la oración de los agonizantes, que escucha con atención, los ojos muy abiertos, llenos de horror y de fe, hasta el momento en que la paz del Señor pone límite a sus dolores.

Es el 6 de abril de 1932.

———

Los periódicos de París del día 7 dan la noticia de su muerte; uno de ellos, *L'Intransigeant*, dice así: "María Blanchard, la artista española, ha muerto anoche, después de una dolorosa enfermedad. Había nacido en Santander en 1881. El sitio que ocupaba en el arte contemporáneo era preponderante. Su arte poderoso, hecho de misticismo y de un amor apasionado por su profesión, quedará como uno de los más auténticos y de los más significativos de nuestra época. Su vida de reclusa y de enferma había, por otro lado, contribuido a desarrollar y agudizar singularmente una de las más bellas inteligencias de este tiempo."

Al salir de la vida, esta interesante figura de mujer entra en la posteridad.

La expresión plástica de su inteligente dolor se guarda hoy celosamente en museos y colecciones, y su nombre, el de María Blanchard, queda incluido para siempre en las páginas de nuestro arte contemporáneo.

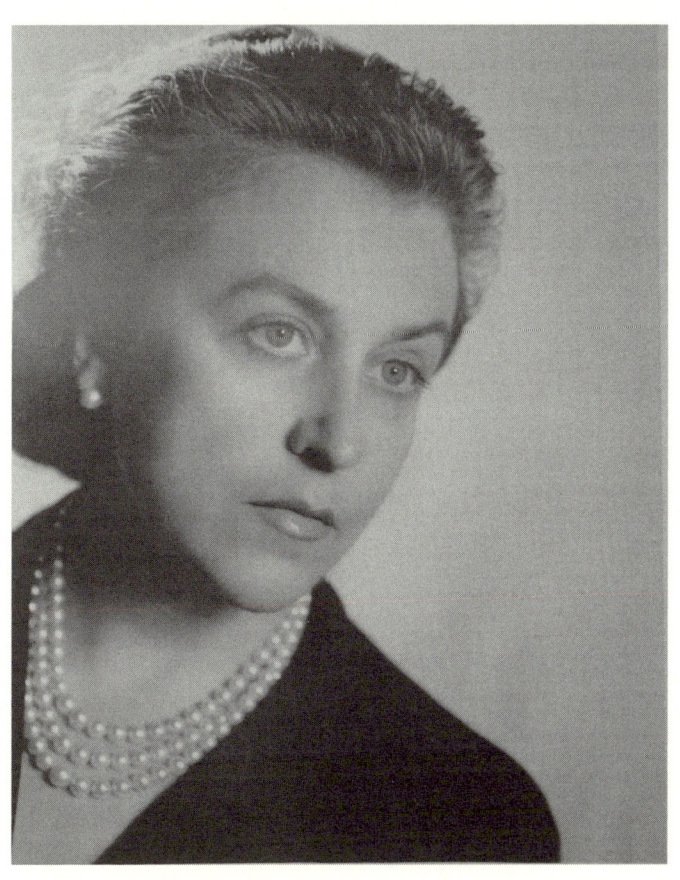

María Laffitte y Pérez del Pulgar,
Condesa de Campo Alange

(Sevilla, 1902 - Madrid, 1986)